高中化学
原创题的编制研究

主　编　马　赟　罗兵　高　群

编　者　董诗怡　付聪颖　高　群　顾双菲
罗　兵　马　赟　潘逢吉　沈　红
沈　洁　苏　朝　王卫臻　王正平
吴晓燕　杨振宇　叶菲菲　周紫依

上海科技教育出版社

图书在版编目(CIP)数据

高中化学原创题的编制研究 / 马赟,罗兵,高群主编. -- 上海:上海科技教育出版社, 2025. 8. -- ISBN 978-7-5428-8394-0

Ⅰ. G633. 82

中国国家版本馆 CIP 数据核字第 20252V3K32 号

责任编辑 刘　强
封面设计 符　劼

高中化学原创题的编制研究

主编　马　赟　罗　兵　高　群

编者　董诗怡　付聪颖　高　群　顾双菲
　　　罗　兵　马　赟　潘逢吉　沈　红
　　　沈　洁　苏　朝　王卫臻　王正平
　　　吴晓燕　杨振宇　叶菲菲　周紫依

出版发行 上海科技教育出版社有限公司
（上海市闵行区号景路159弄A座8楼　邮政编码201101）
网　　址 www.sste.com　www.ewen.co
经　　销 各地新华书店
印　　刷 启东市人民印刷有限公司
开　　本 720×1000　1/16
印　　张 9
版　　次 2025年8月第1版
印　　次 2025年8月第1次印刷
书　　号 ISBN 978-7-5428-8394-0/O·1228
定　　价 58.00元

前　言

习题是学生在学习完一定内容后,为巩固学科基础知识、提升学科思维能力、发展学科核心素养所需要完成的一种作业形式,具有巩固、诊断和评价的功能。原创题是习题的重要组成形式之一,也是习题中最具生命力和创造性的部分,更能体现教师的自主命题能力。好的原创题不仅能帮助学生巩固学习内容、培养思维品质、形成学科核心素养,更能开阔学生的视野、激发学习的兴趣、减轻重复训练造成的不必要的学习负担。

《普通高中化学课程标准(2017年版2020年修订)》指出,要重视化学习题设计的创新,应充分发挥习题在促进学生化学学科核心素养发展方面的作用。习题设计应具有针对性与层次性,发挥习题在学生概念建构、知识迁移、问题解决等多方面的作用。习题设计应具有情境性,应以学生已有经验为基础,创设合理生动的问题情境,提高学生运用化学知识解决实际问题的能力;习题设计应具有开放性,鼓励学生从不同角度分析和解决问题,培养学生的发散思维和创新精神。

可见,新课程、新教材、新高考(以下称“三新”)的实施呼唤高质量的习题,而高质量的习题往往源于教师的自主命题。经济合作与发展组织(OECD)在2018年进行了教师教学国际调研(TALIS2018),根据调研结果显示,上海教师在自主命题方面的能力不足,经常自主命题的教师仅为55.6%,比OECD平均比例低21.6%。可见,教师自主命题能力是教师队伍建设中的薄弱环节,而教师对于自主编制原创题的工作缺乏重视,更是一个亟需深入研究的问题。教师自主命题能力的不足存在多种现实原因,又会产生一系列现实问题:教师挑选或命制的习题质量低下,导致无法科学、有效地诊断学情,教师就很难准确评价自己的教学效果,更无法通过命题反思与改进自己的教学方式,使教、学、评缺乏一致性,而教师使用低质量的习题对学生进行重复训练会增加学生的学业负担,影响学生的学习兴趣,进而降低教学效果。教师命题能力的提升不是一朝一夕能完成的,也很难通过教师个体的努力快速实现。我们认为,可以借鉴教师队伍建设已有的成功经验,组建团队形成学习共同体,在相关理论和经验的指导下,系统地研究原创题的编制,在实践、反思的循环往复中实现高质量的命题工作，为“三新”实施提供高质量的原创题。

在上海市金山区教育局、金山区教育学院教研室的支持下，上海市特级教师杨捷老师于2018年成立了杨捷化学名师工作室，组建了由金山区内高中化学骨干教师构成的学习共同体。在第一期工作室为期三年的研究中，杨捷老师带领工作室成员聚焦化学新课程、新教材实施中的难点问题，撰写了70多个高中化学疑难点解析，在活动过程中形成了共同学习成长的发展愿景与民主平等的合作氛围，通过探究建构式的学习方式共同建设了高质量的学习资源。第二期工作室在原有的基础上，进一步聚焦高中化学原创题的编制，申报了区级课题《学习共同体视域下高中化学教师命题能力提升的行动研究》，在高中新课程、新教材实施的背景下开展高考试题的分类研究，学习原创题编制的相关理论，研究原创题编制的要求和要素，形成命制的路径、策略与方法。本书就是第二期工作室的重要学习成果。

全书共分为理论篇与实践篇两部分。理论篇分为三章：第一章论述了政策影响下的高考制度沿革，从试题的题型、情境以及考查的学习水平三个方面分析1949年至今的高考化学试题，梳理试题发展的脉络。第二章概述了信息加工理论及深度学习理论的要点，分析了化学科学的研究对象及特点，这三者的结合为原创题的编制提供了扎实的理论支撑。第三章解读了原创题的内涵，在分析原创题的类型及目标定位的基础上，确定了编制原则，基于理论分析与实践探索，指出了原创题的编制路径，总结了相关的编制策略，详细勾画出原创题的命制过程。实践篇分为物质结构与性质、化学反应原理、化学实验、有机化学基础四个部分，呈现了工作室成员在探索原创题编制过程中的学习成果，为高中化学原创题提供了具体的实践案例。我们希望抛砖引玉，将自己的思考与实践成果同广大高中化学教师分享。

本书理论篇的第一章、第二章由马贇撰写，第三章由罗兵撰写；实践篇由马贇、罗兵、高群、王正平、叶菲菲、苏朝、杨振宇、顾双菲、董诗怡、沈洁、周紫依、吴晓燕、潘逢吉、沈红、付聪颖、王卫臻共同编写。全书由高群统稿。

在研究原创题的过程中，杨捷老师对工作室每一位成员进行了精心指导，为本书的撰写提出了方向性、指导性的意见与建议。在此，我们向杨捷老师表示衷心感谢！

由于时间和能力有限，本书一定还存在疏漏之处，欢迎大家提出宝贵的意见和建议。让我们一同努力，在学习、实践和反思中提升高中化学原创题的质量，在减轻学生学业负担的同时，培养学生的知识运用能力和迁移创新能力，为促成学生化学学科核心素养的提升贡献智慧！

目　录

理论篇

实践篇

理

论

篇

1 政策影响下的高中化学试题发展脉络

高考制度是指我国高等学校招生考试制度，即现有的普通高等学校招生全国统一考试制度。高考是合格的高中毕业生和具有同等学力的学生参加的选拔性考试。[①]高考的变革关系着万千学子的前途命运，承载着整个社会的殷切期望。中华人民共和国成立以来，高考经历了探索实施、暂停、恢复、成熟等阶段。梳理高考制度的发展历程，能帮助我们认识我国高中化学试题的发展脉络，更好地认识新时代普通高中育人方式改革背景下编制高中化学习题的方向。

1.1 高考制度沿革

1949年中华人民共和国成立时，为实现平稳过渡与衔接，当时的高考制度仍沿袭过去由各高校自主组织命题、自主招生的模式。1952年，教育部规定全国高等学校实施统一招生、统一命题并制定统一的答案和评分标准，确定高考时间为每年8月15日至17日三天，并一直沿用至1966年。[②]这是第一次全国统一高考，标志着我国高考制度的建立。

实行高考后，学生负担过重成为了一个现实问题。1955年7月，教育部发出《关于减轻中小学生过重负担的指示》，这是第一份“减负”文件。1959年10月，毛泽东在《关于教育问题的批示》中针对当时中小学生负担过重的现象，提出了“健康第一，学习第二”的核心观点，并对教材、教法、考试及课外活动等方面提出了具体的措施和要求。1966年7月，中共中央、国务院发出《关于改革高等学校招生工作的通知》，全国各地高校停止招生考试，转而实行由地方政府负责统一组织、将群众推荐与政治审查相结合的高考招生制度。

1977年7月，邓小平主持召开科学和教育工作座谈会，研究和讨论科学研究怎

---

① 教育部教育考试院．2019年普通高等学校招生全国统一考试大纲（总纲）［EB/OL］.［2019-01-31］. https://gaokao.neea.edu.cn/html1/report/19012/5989-1.htm.

② 金铁宽，吴式颖．中外教育大事年表［M］．上海：上海教育出版社，2001.

样才能搞得更快更好，教育怎样才能适应我国四个现代化建设的要求、适应赶超世界先进水平的要求等问题，决策恢复中断的高考制度。[③]10月12日，国务院批转了教育部《关于1977年高等学校招生工作的意见》，将高考时间定为1977年12月10日，是1949年后唯一一次冬季高考。

1989年，国家教委下发《普通高等学校招生全国统一考试标准化实施规划》，在高考制度中引入了标准化测试的程序，根据统一、规范的标准，对测试目的、试题命制、考试施测、评分评价、分数解释等考试的各个环节都按照系统、科学的程序组织，进一步提升了高考的科学性与公平性。

1999年，教育部印发《关于进一步深化普通高等学校招生考试制度改革的意见》，提出"3+X"的高考方案。"3"为语文、数学、外语三门必考学科；"X"指从物理、化学、生物、政治、历史、地理6个科目或综合科目中确定一门或几门考试科目，综合科目分为文科综合、理科综合或文理综合。同时，高校招生扩大规模，高等教育进一步普惠更多人群，减负和降难度成为高考命题的重要方向。随着教育改革的推进，高校扩招和地方自主招生的趋势逐渐扩大，高考分省自主命题也作为一种积极尝试，从试点发展到大规模实施。到2006年，全国已有近半数省份实行分省命题。

2014年，国务院印发《关于深化考试招生制度改革的实施意见》，从招生计划分配方式、考试形式和内容、招生录取机制、监督管理机制、高考综合改革试点等方面进行了全面和系统的制度改革，提出"2015年起增加使用全国统一试卷的省份"，分省命题的格局被打破。到2016年，除了浙江、江苏、北京、上海、天津5个省市以及香港、澳门、台湾外，其他省份均参与了全国统一命题考试。2014年，上海、浙江两地还启动了高考综合改革试点，完善高中学业水平考试，将文理科变为选考3门科目，同时考试次数由1次变成1+2(选考)，选考实行等级赋分制度。2017年，高中新课程方案提出了各学科核心素养，新时期的高考命题改革也进一步指向学生核心素养的习得，面向提高全体国民素质和人才培养质量的新要求。

2019年，国务院办公厅印发《关于新时代推进普通高中育人方式改革的指导意见》，指出要从规范学业水平考试、深化考试命题改革、稳步推进高校招生改革等方面完善考试和招生制度。实施普通高中新课程的省份不再制定考试大纲，命题以普通高中新课程标准(下称"新课标")和高校人才选拔要求为依据，优化考试内

---

③ 中国中共党史学会. 中国共产党历史系列辞典[M]. 北京：中共党史出版社，2019.

容,突出立德树人导向,重点考查学生运用所学知识分析问题和解决问题的能力。创新试题形式,加强情境设计,注重联系社会生活实际,增加综合性、开放性、应用性、探究性试题。

2023年5月,习近平在二十届中共中央政治局第五次集体学习中就建设教育强国进行重要讲话,指出基础教育既要夯实学生的知识基础,也要激发学生崇尚科学、探索未知的兴趣,培养其探索性、创新性思维品质。要在全社会树立科学的人才观、成才观、教育观,加快扭转教育功利化倾向,形成健康的教育环境和生态。该重要讲话是指导我国教育强国建设的纲领性文献,是新时代新征程教育事业改革发展的行动指南,为加快建设教育强国指明了前进方向。

1.2 高考化学试题的发展与启示

中华人民共和国成立以来,随着国家教育政策与高考制度的变化及影响,高考化学试卷及化学试题的形式、内容、立意等均发生了很大的变化,从政策、制度角度梳理其基本脉络可大致分为五个时期:命题探索时期(1952—1966年);恢复高考时期(1978—1989年);标准化考试时期(1990—2000年);综合性考试时期(2001—2013年);新课程、新教材、新高考(下称"三新")实施时期(2014年至今)。以下从试题的题型、情境及学习水平考查三方面进行梳理,并分析各时期的主要特点,总结其中的规律和利弊,为积极推进新课标高中化学原创题的编制提供借鉴和参照。

1.2.1 试题形式的梳理与分析

1952年至今,高考化学试卷中出现的试题类型较多,主要分为单项选择题、不定项选择题、填空题、简答题、计算题、综合题等。通过梳理发现:五个时期之间题型变化较大,而各时期内的题型相对固定,题型统计与分析如下。

(1) 命题探索时期(1952—1966年)的题型统计与分析

1952年是新中国成立后第一次举行全国统一高考,化学科目的考试时长为

表1-1 1952—1962年全国高考化学试卷的题型统计*

年份	单项选择题数	综合题数	
		简答题数**	计算题数
1952年	20	3	1
1953年		7	1

（续表）

年份	单项选择题数	综合题数	
		简答题数**	计算题数
1954年		6	1
1955年		5	1
1956年		5	2
1957年		4	2
1958年		5	1
1959年		6	1
1960年		4	1
1961年		5	1
1962年		5	1

* 1963—1966年试卷未收集；** 因该时期的题型变化较多，故将个别年份出现的实验题、作图题等均作为简答题进行统计。

100分钟，试卷共分为五道大题：第一大题的题型为（单项）选择题，共有20小题，每小题有五个选项，内容包含物质的组成、结构与性质、元素周期表与周期律、化学实验等；第二大题的题型为计算题，内容为有机物实验式、分子式、相对分子质量及相关反应的计算；第三、四、五大题的题型为简答题，内容依次为化学方程式的书写、化学平衡与化学实验。

从1953年开始，一直到1962年，试卷的题型改为综合题，不再出现选择题。每套试卷综合题的数量为5~8题不等，一般包含1~2题计算题，计算题以无机物参与化学反应过程的计算为主，1956年、1957年均出现了2道计算题，其中一道为无机物的计算，另一道为有机物的计算。除了计算题外，其余的综合题大多为简答题的形式，内容包含原子结构、化学方程式、有机化学等，部分试卷上还出现了作图题、实验题等。

总体来看，这一时期是过渡期与探索期，经历了国民经济的恢复、初步发展和社会主义道路的探索，国家百废待兴，各行各业都在进行过渡、调整和探索，高考也

不例外，处于命题的探索时期。由于初期没有颁布教学大纲、教科书不统一、参加高考的学生生源结构复杂等原因，这一时期中不同年份的试卷结构不统一，题型变化较大，具有一定的随意性。

(2) 恢复高考时期(1978—1989年)的题型统计与分析

表1-2　1978—1989年全国高考化学试卷的题型统计

年份	单项选择题数	不定项选择题数	判断题数	填空题数	简答题数	计算题数
1978年				10	11	3
1979年				12	7	2
1980年	5			16	13	2
1981年	25			19	5	5
1982年	20			21	6	6
1983年	16		5	17	5	3
1984年		18		15	3	2
1985年		20		16	5	2
1986年		25		12	3	3
1987年		35		15		2
1988年		45		13	1	2
1989年		31		14		2

1978—1980年处于恢复高考的初期，题型基本以填空题、简答题、计算题为主，计算题的数量比较稳定，而填空题、简答题的数量变化较大，1980年还出现了单项选择题，说明这一时期的命题思想还不统一。

1981年之后，试卷的题型趋于相对稳定，与之前相比，大幅增加了选择题的数量，而减少了简答题的数量。从1984年开始，选择题的题型由单项选择题改为不定项选择题，且数量也逐年上升，在1988年达到了45道的顶峰，说明命题者开始重视选择题，试题形式向标准化测试靠拢。不定项选择题的选项有4~5个，正确选项为1~2个。大量的不定项选择题能避免学生通过简单的猜测来得分，要求学生必

须真正理解和掌握知识才能选出正确的答案,从而更准确地反映学生的真实水平。但大量的不定项选择题也极大地增加了考试的答题时间和考试的难度,增大学生应考复习的心理负担,为了平衡不定项选择题带来的有利与不利因素,1989年试卷中不定项选择题的数量减少为31题。

(3) 标准化考试时期(1990—2000年)的题型统计与分析

表 1-3 1990—2000 年全国高考化学试卷的题型统计

年份	Ⅰ卷(选择题)			Ⅱ卷(非选择题)			
	一	二	三	四	五	六	七
	单项选择题数	不定项选择题数	单项选择题数	实验题数	无机原理题数	有机题数	计算题数
1990年	5	20	5	2	5	1	2
1991年	10	15	5	2	8		2
1992年	5	16	6	2	4	3	2
1993年	5	18	5	2	4	3	2
1994年	5	14	8	2	3	3	2
1995年	5	15	6	2	3	3	2
1996年	5	15	6	2	3	3	2
1997年	5	15	6	2	3	3	2
1998年	5	12	8	2	3	3	2
1999年	5	12	8	2	2	2	2
2000年	5	8	9	2	2	2	2

1989年国家教委下发《普通高等学校招生全国统一考试标准化实施规划》,在高考中正式引入标准化测试程序,在1990年的初步探索后,从1991年开始,试卷的结构和试题的题型基本稳定。试卷分为Ⅰ卷与Ⅱ卷,分别为选择题与非选择题。

选择题分为单项选择题和不定项选择题,在前一时期对选择题探索的基础之上,命题者对两种类型的选择题进行平衡,在兼顾区分度的前提下,适当减少了不定项选择题的数量,而增加了部分难度较大的单项选择题。非选择题以实验题、无

机原理题、有机题、计算题等形式出现，除计算题外，其他试题是填空形式，答案相对客观，较少出现说明理由类的简答题。

这一时期的试卷结构和试题形式充分体现了标准化测试的特点，如题量大、知识面覆盖广、试题兼顾难度与区分度、试题评分标准统一等。这些特点使得高考更具公平性和准确性，能够在全国范围内大规模实施，提高了评估的效率。然而，标准化考试也存在一些局限性，如题型固定可能导致教师与学生进行功利性的应试，标准化的答案容易忽视个体差异等问题。

（4）综合性考试时期（2001—2013年）的题型统计与分析

表 1-4 2001—2013 年全国高考卷化学试卷的题型统计

年份	Ⅰ卷	Ⅱ卷				
	单项选择题数	无机大题数	原理大题数	实验大题数	有机大题数	计算大题数
2001年	10			1	1	
2002年	9	1		1	1	1
2003年	9	2		1	2	
2004年	8	1		1	1	1
2005年	8	2		1	1	计算题以小题形式出现在之前大题中
2006年	8	2		1	1	
2007年	8	2		1	1	
2008年	8	2		1	1	
2009年	8	1		1	1	
2010年	8	1		1	1	
2011年	7	1	1	1	1	
2012年	8	2		1	1	
2013年	8	1		2	1	

1999年起，随着高考制度的变革，部分省份开始自行命题，探索“3+X”模式，使化学高考并入理科综合科目，科目一般设置为物理、化学、生物。由于三门科目同

时进行测试，考虑到考试时间、学科划分等因素，一般将物理、化学、生物试题按学科分类后相对集中放置，减少学生的思维在学科之间进行大幅度的跳跃。

化学学科的试题在经过前几年的命题探索后，基本固定为Ⅰ卷中的8道单项选择题和Ⅱ卷中的4道大题。在选择题中取消了前两个时期出现的不定项选择题，选择题的题量也大幅度减少，增加了Ⅱ卷中的非选择题，这样可以避免学生依靠猜题选对答案。在非选择题部分，除了标准化测试引入的填空题外，增加了说理等相对开放性试题的比例，鼓励学生在答题时进行完整表达、各抒己见，培养学生的表达能力与创新思维，另一方面也能从表达中进一步审视学生的学科知识与学科思维，增加了题目的信度与效度。另外，计算题的形式从整道大题变为融合于综合题中的小题，将化学计算与实际问题的解决紧密联系起来，减少了对计算技巧的考查。

(5)“三新”实施时期(2014年至今)的题型统计与分析

表 1-5　2019—2024 年浙江省学考(第一次)化学试卷的题型统计*

年份	单项选择题数	综合题						
		1	2	3	4	5	6	7
2019年	25	有机	无机	实验	计算	原理	实验	有机
2020年	25	结构	计算	无机	原理	实验	有机	
2021年	25	结构	计算	无机	原理	实验	有机	
2022年	25	结构	计算	无机	原理	实验	有机	
2023年	16	结构	无机	原理	实验	有机		
2024年	16	结构	无机	原理	实验	有机		

*2014年，国务院印发《关于深化考试招生制度改革的实施意见》，标志着高考综合改革的正式启动，2017年普通高中新课标颁布后，以学科核心素养为标志的新课程正式实施。2019年，作为高考综合改革试点之一的浙江省迎来了选考化学科目的学业水平考试试卷，简称浙江卷，浙江选考每年1月与7月各举行一次，表1-5的统计以1月的考卷为样本。

从题型统计来看，浙江卷继承了之前几个时期高考试卷的结构，分为单项选择题与综合题两个部分。经过前四年高考综合改革的探索，从2023年起，试卷中的选择题的数量为16题，综合题为5大题，综合题考查内容分别为物质结构与性质、

无机物的性质与转化、化学反应原理、化学实验和有机化学，分别对应《普通高中化学课程标准》中必修课程的5个主题与选择性必修的三个模块，较大的题量能保障知识点的分布，并有助于命题者合理调控试题的难度与区分度。

而同为高考综合改革试点之一的上海市于2024年5月进行了全面实施新教材后的第一次学业水平考试(等级考)，上海卷不同于浙江卷的选择题加综合题的模式，取消了单独的选择题，融入五道“主题式”的综合大题中，每道大题依据主题情境与问题的内在逻辑关联，分别设置选择题、填空题、简答题、计算题等题型，试题的形式新颖，有助于多角度、多层次地考查学生化学学科核心素养的发展水平。

(6) 对原创题编制的启示

随着国家政策与高考制度的变化，高考化学试卷中的试题形式也在不断调整变化。1952—1966年的试题处于探索时期，题型以简答题为主，数量变化较大；1978—1989年的试题以双基落实为导向，题型以选择题和填空题为主，数量变化也很大；1990—2000年的试题体现了标准化试题的特点，奠定了高考化学以选择题和综合题相结合的试卷结构基础；2001—2013年的高考主要采用综合能力测试，为平衡单科教学与综合考试的矛盾，试题总量下降，题型仍是选择题、综合题，但值得关注的是，引入了方案设计、原理论述、原因阐释等半开放的试题，能较好地对知识与技能、过程与方法、情感态度与价值观(三维目标)进行考查。2017年新课标颁布后，学科核心素养作为三维目标的整合与提升，在习题的形式上也更加重视以选择题、填空题、简答题、计算题等组成的综合题，并增大了主观题的比例，从而更好地考查学生的逻辑推理、数据分析、文字表达能力。

通过梳理与分析1949年以来的高考化学试题题型的变化，对我们在“三新”时代编制高中化学原创题有如下启示：化学习题的编制应紧跟时代变化，在综合大题中融入多样化和创新性的题型，需要适当增大主观题的比例，这不仅可以使学生有更多的机会展示自己的能力，还可以使教师更全面地了解学生的学习情况。通过实验方案的设计、化学原理的论述、结合化学用语的原因阐释等半开放试题，更好地巩固、评估并促进学生的综合能力。

1.2.2 试题情境的梳理与分析

情境是学生在现实中可能面对的各种事项或境遇，蕴含需要解决的问题。科学素养试题情境可分为学科情境、生活情境和学术情境三个层次。[④]在化学习题

④ 孔燕，吴儒敏，朱晓果，等.学术情境试题的目标定位与编制策略[J].中国考试，2016，(9)：18-23.

中,学科情境是用化学语言、符号、模型等,按照学科逻辑呈现的形式化的情境,如习题中出现的化学实验类装置属于学科情境;生活情境是用淡化学科痕迹的语言、图像,按照事物发展内在逻辑呈现的真实情境,如习题中出现的生活环保类情境;学术情境是指以真实化学问题为背景,按照学术研究的一般路径呈现信息,如习题中出现的化工生产类、创新研究类情境。

按照上述分类方法,将化学试题的情境分为化学实验类、化工生产类、生活环保类和创新研究类情境。对高考发展的五个时期中的试题情境进行梳理,发现:五个时期之间试题情境的数量、类型变化较大,而各时期内的试题情境的数量与类型相对固定,情境统计与分析如下。

(1)命题探索时期(1952—1966年)的试题情境统计与分析

表1-6　1952—1962年全国高考化学试题的情境统计

年份	化工生产类	化学实验类
1952年		
1953年	氮的固定	电解食盐水
1954年	高炉炼铁	氯气的实验室制法
1955年	电解铝	
1956年		电解氯化铜溶液
1957年		
1958年		实验室制备盐酸
1959年	接触法制备硫酸;炼焦工业	氢气的实验室制法
1960年	隔膜法电解食盐水;煤焦油的分馏;酚醛树脂的制备;石油裂化	氯化氢的实验室制法
1961年	煤的干馏;制备农药六六六;硝酸工业;盐酸工业;硫酸工业	实验室制备乙烯
1962年	工业制备氯气;炼钢	实验室制备氯气

1959年以前的试题,较少出现情境,而直接从知识角度出发进行设问。例如,1957年全国高考化学第二大题:

回答下列问题：能发生反应的，写出平衡的化学方程式；不能发生反应的，说明理由。①银片和硫酸锌溶液能否起置换反应？②……

从1959年起，试题的情境明显增多，这可能与当时的国家政策方针有关。试题不再单纯地从化学理论进行考查，更多地将化工生产类情境融入试题中，包括三酸二碱的生产、化石燃料的加工、农药的制备等，这些情境与当时经济建设中化工行业的发展、化学与工农业的联系等紧密结合，考查学生对相关知识的掌握和运用情况。例如，1961年全国高考化学第三大题：

苯与氯气起反应生成六六六($C_6H_6Cl_6$)。① 制备一公斤六六六，在理论上需要氯气多少升(标准状况下)？② 如果在反应中只有80%的苯生成六六六，问制备一公斤六六六需要苯多少公斤？

(2) 恢复高考时期(1978—1989年)的试题情境统计与分析

表 1-7 1978—1989 年全国高考化学试题情境统计

年份	化工生产类	化学实验类
1978年		制备常见气体；检验白色粉末
1979年		氨的催化氧化；乙醇的性质；电解
1980年		制备氧气；蒸馏乙醇；制备氢气；铁丝的燃烧；过滤；酸碱中和
1981年		中和热的测定；溶解度的测定；苯的硝化；酚醛树脂的制备
1982年		制备氨气
1983年		四氯化碳相对分子质量的测定
1984年		电解氯化铜；还原氧化铜
1985年	漂白粉的制备	原电池；制备氯气
1986年	炼钢原理	石油蒸馏
1987年		制取溴苯
1988年		测定氯化钾与氯化钙的质量比；称量；过滤；配制溶液
1989年		铁的腐蚀；制备无水氯化铜

恢复高考后，教育部颁布了《全日制十年制学校中小学各科教学大纲(试行草案)》，中小学教学注重“双基”，即基础知识与基本技能。通过梳理可以发现，这一

时期高考化学试题的情境以学科类情境为主，特别是化学实验类的情境相对较多，习题的情境与书本上双基内容相联系，突出对于学生知识和实验技能掌握情况的考查。例如，1980年全国高考化学第七大题：

以下各图（实验装置图已省略）中所示的实验方法、装置和操作有无错误？如有，用文字指出错误在哪里。

①氯酸钾和二氧化锰制备氧气；②蒸馏乙醇；③锌跟盐酸制备氢气；④铁丝在氧气中燃烧；⑤过滤硫酸钡沉淀；⑥酸碱中和。

可见，试题中的情境直接来源于书本中的相关实验，像这样的学科情境类试题主要用于检测书本中知识与技能的掌握情况，引导学生重视基础知识的学习，但容易导致学生将学习的重心放在知识的记忆上，学习仅追求知识的再现，而缺乏迁移运用的过程，影响学生的主动探究与创新意识。

(3) 标准化考试时期(1990—2000年)的试题情境统计与分析

表 1-8　1990—2000 年全国高考化学试题情境统计

年份	化工生产类	化学实验类	生活与环保类	创新研究类
1990年	石油化工；化肥生产	制备乙炔；测定漂白粉含量		
1991年		从海带中提取碘；混合气体的检验	硬水软化；饮用水硬度的测定	有机环状化合物
1992年	炼铁；水泥；玻璃工业	氯气与过氧化氢反应		C_{60}分子；酯交换反应
1993年	制备硫代硫酸钠	气体发生装置		ABS树脂；MBBA液晶材料
1994年		氨还原氧化铜；钠的氧化物	苯并芘致癌	羟醛缩合反应
1995年		喷泉实验；化学反应速率；制备硝基苯	大气污染物	碳正离子（1994年诺贝尔化学奖）
1996年		制备“引火铁”	铅蓄电池	臭氧层破坏（1995年诺贝尔化学奖）；Nomex阻燃纤维

（续表）

年份	化工生产类	化学实验类	生活与环保类	创新研究类
1997年	甲基丙烯酸甲酯的合成	1,2-二溴乙烷的制备	食盐加碘	C_{60}分子（1996年诺贝尔化学奖）
1998年		温度计的使用；铝锌合金成分的测定	假酒的成分；白藜芦醇	BGO闪烁晶体；合成药物心舒宁
1999年		人呼出气体中CO_2含量的测定	含铅汽油；氢镍电池	人体中的NO（1998年诺贝尔化学奖）；抗癌药紫杉醇；NiO晶体
2000年		无水三氯化铁的制备	广告用语；石墨炸弹	隐形飞机材料；麻醉剂氯普鲁卡因盐酸盐

随着1990年在高考引入标准化测试后，试题的情境有了极大的变化。情境的种类在化工生产类、化学实验类的基础上，一方面增加了生活与环保类情境，引导学生不仅要关注书本上双基内容的相关化学实验和化工生产，更要将化学学习与生活实际相结合，在学习中注重对知识的深度理解与运用，并认识化学研究的方法与价值；另一方面增加了创新研究类情境，试题与最新的科学研究（如诺贝尔化学奖成果）相结合，考查学生从试题中获取信息、建构知识并加以应用的能力，开阔学生的学术视野、增强学生的学术意识。例如，1996年全国高考化学第1题：

1995年诺贝尔化学奖授予致力于研究臭氧层破坏问题的三位环境化学家。大气中的臭氧层可滤除大量的紫外光，保护地球上的生物，氟利昂（如CCl_2F_2）可在光的作用下分解，产生Cl原子，Cl原子会对臭氧层产生长久的破坏作用，有关反应为：$O_3 \xrightleftharpoons{光} O_2 + O$，$Cl + O_3 \longrightarrow ClO + O_2$，$ClO + O \longrightarrow Cl + O_2$；总反应：$2O_3 \xrightleftharpoons{光} 3O_2$。

在上述臭氧变成氧气的反应过程中，Cl是_____。

（A）反应物　　（B）生成物　　（C）中间产物　　（D）催化剂

该题的情境源于高考前一年的诺贝尔化学奖成果，可见命题人比较关注学科研究的前沿信息，并通过情境将研究成果与学生的化学学习、日常生活建立起关联，在该试题中给出Cl原子参与反应的化学方程式，引导学生认识Cl原子对臭氧层的破坏作用,进一步认识氟利昂的负面作用。根据包括中国在内的100多个国家签订的《关于消耗臭氧层物质的蒙特利尔议定书》,发达国家在1996年前全面禁用氟利昂,发展中国家从1996年起逐步进入禁用期,到2010年前彻底禁用。1996年该情境也十分契合当时的时代背景。

(4) 综合性考试时期(2001—2013年)的试题情境统计与分析

表 1-9　2001—2013 年全国高考化学试题情境统计

年份	化工生产类	化学实验类	生活与环保类	创新研究类
2001年		简易启普发生器	温室效应; 植物挥发油	导电塑料 (2000年诺贝尔化学奖); 硼氮苯
2002年				药物L-多巴 (2001年诺贝尔化学奖)
2003年		$Fe(OH)_2$的制备	月球上的氦	
2004年		电解原理		
2005年		测定样品中纯碱的质量分数	染料苏丹红一号	
2006年		过氧化钠作供氧剂	香料茉莉醛	消毒剂萨罗
2007年		测定电石中CaC_2含量		
2008年		软锰矿制$KMnO_4$		
2009年		木炭与浓硫酸反应		
2010年				敏化太阳能电池
2011年		实验室制取气体	含铬废水处理	金刚烷的制备
2012年		测定样品中铜含量	橙花醇香料	
2013年	铝土矿提炼氧化铝	制备氮化镁	发泡塑料盒; 电解含铬废水	有机中间体OPA

2001年化学科目并入高考理科综合考试后,受到试题总量、完成时间、各学科平衡等因素的限制,在试题总量减少的同时,试题的情境也有所弱化,体现在情境

总量的减少，几乎没有化工生产类情境等方面。学科类情境（如化学实验类）增多，生活环保类与创新研究类情境仍保持在一定的水平，体现试题情境对学生把握学科的科学方向、启迪思路、开阔眼界等方面的作用。例如，2010年全国高考化学第10题：

下图是一种染料敏化太阳能电池的示意图。电池的一个电极由有机光敏染料(S)涂覆在TiO_2纳米晶体表面制成，另一电极由导电玻璃镀铂构成，电池中发生的反应为：$TiO_2/S \xrightarrow{h\nu} TiO_2/S^*$(激发态)，$TiO_2/S^* \longrightarrow TiO_2/S^+ + e^-$，$I_3^- + 2e^- \longrightarrow 3I^-$，$2TiO_2/S^+ + 3I^- \longrightarrow 2TiO_2/S + I_3^-$。

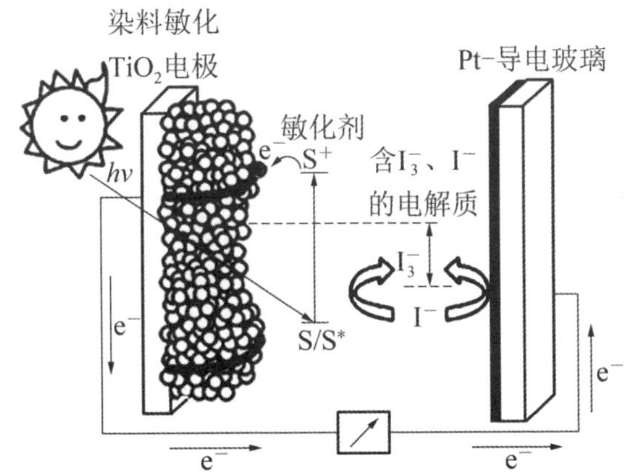

下列关于该电池叙述错误的是(　　)。

(A) 电池工作时，是将太阳能转化为电能

(B) 电池工作时，I^-在镀铂导电玻璃电极上放电

(C) 电池中镀铂导电玻璃为正极

(D) 电池的电解质溶液中I^-和I_3^-的浓度不会减少

该题的情境属于创新研究类情境，试题结合情境介绍了新型太阳能电池的装置及反应，引导学生从文字、符号、图片中提取信息，认识太阳能电池的工作原理。解决创新研究类情境中的问题不仅需要识记知识，还要通过理解和迁移去建构和应用，这类情境能置学生于不熟悉的情境中，按照学术研究的思路分析和解决相对复杂的问题，并考查学生提取、加工信息的能力。

（5）“三新”实施时期（2014年至今）的试题情境统计与分析

表 1-10　2019—2024 年浙江省学考（第一次）化学试题情境统计

年份	化工生产类	化学实验类	生活与环保类	创新研究类
2019年	石油分馏； 煤的综合利用； 工业合成氮	草酸分解； 电解法制备高铁酸钾； 水合硫酸锌的制备	大豆蛋白； 染料与医药中间体	全氢电池
2020年	离子交换膜 电解食盐水	测定草酸亚铁的纯度； 探究 H_2S 与 Cl_2O 的性质；碘化锂的制备	光导纤维； 烟气除硫； 汽车尾气处理； 厨余垃圾处理； NO_x 的转化	高血压药阿替洛尔的合成
2021年	石油与沥青； 硝酸工业； 氯碱工业； 铬铁矿制备 重铬酸钾	用KOH溶液清洗 试管上的S	烟气除硫； 人造奶油； 电影胶片片基； 镍镉电池	铝硅酸盐分子筛； 非天然氨基酸X的合成
2022年	石油化工； 硝酸纤维炸药； 煤的气化	无水二氯化锰的 制备	植物中的酯； 检验空气中的 SO_2； 涂改液中的含氯化合物；牙膏中的甘油； 鉴别食盐与亚硝酸钠	pH计的原理； CO_2 的固定； 天然活性物的合成
2023年	离子交换膜回收 甲酸盐	荧光材料 ZnO@MOF	水果中的酯； 七叶亭抗菌素； 食品脱氧剂； 生活中的硅材料	电池材料（TiSi）； 碳中和、碳达峰； 抗癌药盐酸 苯达莫司汀
2024年	镀锌铁皮的腐蚀	回收 I_2 的 CCl_4 溶液； CaS 制备 H_2S	汽车尾气处理； 皂化反应； CO_2 转化为 HCOOH （实现“双碳”目标）	隐形眼镜功能材料；$CrCl_2$ 水合物的晶胞；镇静药物氯硝西泮

新课标指出，真实、具体的问题情境是学生化学学科核心素养形成和发展的重要平台，为学生化学学科核心素养提供了真实的表现机会。浙江省学考的试题充分体现了新课标的理念。无论是情境的丰富性，或是情境的新颖性与适切性，均有了进一步的提升，试卷中的大部分试题都有一个或多个情境，这些情境联系生活实

际和科技发展，涉及真实问题，引导学生学以致用。例如，2024年浙江省学考（第一次）综合分析第4题（节选）：

通过电化学、热化学等方法，将CO_2转化为HCOOH等化学品，是实现“双碳”目标的途径之一。请回答：

① 某研究小组采用电化学方法将CO_2转化为HCOOH，装置如下图所示。电极B上的电极反应式为____________________________。

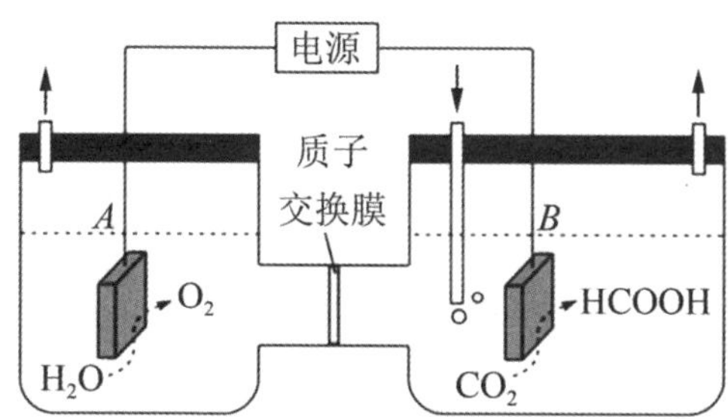

② 该研究小组改用热化学方法，相关热化学方程式如下：

Ⅰ：$C(s)+O_2(g)=\!=\!=CO_2(g)\quad \Delta H_1=-393.5\ kJ\cdot mol^{-1}$

Ⅱ：$C(s)+H_2(g)+O_2(g)=\!=\!=HCOOH(g)\quad \Delta H_2=-378.7\ kJ\cdot mol^{-1}$

Ⅲ：$CO_2(g)+H_2(g)\rightleftharpoons HCOOH(g)\quad \Delta H_3$

$\Delta H_3=$__________$kJ\cdot mol^{-1}$。

2020年9月，我国宣布二氧化碳排放力争于2030年前达到峰值，努力争取2060年前实现碳中和。实现“双碳”目标需要化学科学在传统能源的有效利用、清洁能源的开发、碳捕捉与存储技术、低碳材料和替代品的研制等方面的深度参与和贡献。本题的情境契合“双碳”背景，引导学生认识实现二氧化碳转化的价值不仅在于减少碳排放，还能通过化学反应转化为有用的原料。该题的情境不仅起到提供真实问题、激发学习兴趣、促进知识迁移等作用，而且采用多元视角介绍了电化学、热化学等多种方法，帮助学生在潜移默化中认识化学研究的价值，在任务解决的过程中提升综合能力。

(6) 对原创题编制的启示

纵观中华人民共和国成立至今历年高考化学试题的情境脉络，可以发现其经历了从单一化、理论化向多元化、实践化转变的过程。早期的化学试题主要侧重于考查学生对化学基础知识和理论的掌握，试题情境往往仅限于教科书中的例子。随着社会的不断发展和教育理念的更新，情境设置越来越注重与现实生活的联系，

强调化学知识的应用性和实践性。情境的数量从无到有、由少到多，情境的类型从关注实验和书本转为关注社会热点和科技前沿，情境在试题中的作用由单一地呈现信息发展到呈现真实问题，体现出化学的育人功能。这些转变不仅有利于提升学生的应用能力和实践意识，还有助于拓宽视野并激发探索精神，培养学生的综合素质和社会责任感。

通过梳理与分析高考化学试题情境的变化，对编制高中化学原创题有以下启示：

首先，应注重习题情境的真实性和实用性。在编制原创题时，应紧密结合现实生活、工业生产、环境保护等实际领域，创设具有真实性和实用性的情境。这样的习题能够让学生感受到化学知识的广泛应用和实用价值，激发学习的兴趣和动力，发挥化学的育人功能。

其次，应注重习题情境的创新性和多元性。通过文献资源关注社会热点和科技前沿，将最新的科研成果和前沿技术融入习题中，以培养学生的创新意识和创新能力。同时，还应注重习题情境的多元性，避免情境设置的重复和单调，以提高学生的适应能力和应变能力。

最后，应注重习题情境与知识、素养的有机结合。编制原创题时，要通过语言组织和信息呈现，在情境中自然地引出化学问题，让学生在解决问题的过程中巩固和应用所学知识。同时，还应注重情境的层次和梯度，提供多元互补的信息，重在考查学生运用证据解决问题的能力。

1.2.3 试题考查的学习水平分析

根据SOLO分类理论，将学习水平从低到高分为前结构水平、单一结构水平、多元结构水平、关联结构水平和扩展抽象结构水平（具体划分标准见2.2节），对高考试题考查的学习水平进行分析。因为试题数量庞大，无法对全部试题进行分析统计，所以选出各时期中具有化学学科特色的题型——化学方程式的书写及应用，进行学习水平分析。

（1）命题探索时期（1952—1966年）试题的学习水平分析

这一时期的试题主要考查知识的识记与理解，即单一结构水平与多元结构水平，较少考查知识的深度迁移与运用，关联结构水平与扩展抽象结构水平的试题较少。以1952年的第一次高考化学试题为例，第三大题为化学方程式的书写：

用均衡的反应式写出下列各反应：①钠加盐酸。②氯化锌溶液和足量氢氧化钠溶液。③硫代硫酸钠溶液加稀硫酸。④硫化氢气体通入高锰酸钾与盐酸溶液。

前3个化学方程式属于教科书上已有的知识，归为单一结构水平，第4个涉及氧化还原反应，需要学生从氧化剂与还原剂的判断、化学方程式的配平等多个角度进行思考和关联，属于关联结构水平。

1952年的第一次高考化学试题第四大题为化学方程式的应用：

二氧化碳适当的温度下可以分解：$2CO_2 + 26.930$卡 $\xlongequal{}$ $2CO + O_2$。1卡≈4.19 J。

如有CO_2、CO、O_2混合物气体已在平衡状态，说明下面每一个变化所能平衡改变的趋向（向左、向右、或不变）：①降低压力；②增高温度；③加一些催化剂（即触媒）；④加一些O_2进去；⑤延长时间。

本题的化学方程式仍属于学生熟悉的知识。化学方程式在本题中的作用是一个载体，用于考查学生对影响化学平衡移动的因素的认识，分别考查了压强、温度、浓度等因素，从整体上看仍属于单一结构水平或多元结构水平。因为本题不需要学生在这五个因素之间进行关联，所以还没有上升到关联结构水平。

(2) 恢复高考时期(1978—1989年)试题的学习水平分析

这一时期的试题注重“双基”的落实，即基础知识与基本技能。试题以考查基础知识为主，对基本技能的考查还没有上升到迁移运用的层次。以1983年的高考试题为例，第四大题为化学方程式的书写与综合运用：

写出下列制备法中的化学方程式：

① 以氯化铝为主要原料制备纯净的硝酸铝（不得用电解法和硝酸银试剂）。

② 用三氧化二铬、氧化铝和冰晶石制备金属铬（不得用其他原料）。

本题表面上是考查化学方程式的书写，实际为化学方程式的综合运用。题目中并没有直接给出所有的反应物，而是要求学生思考如何挑选需要的反应物，设计合理的先后顺序，进行相关物质的制备。比如第①题答案为：$AlCl_3 + 3NH_3 \cdot H_2O \xlongequal{} Al(OH)_3 \downarrow + 3NH_4Cl$；$Al(OH)_3 + 3HNO_3 \xlongequal{} Al(NO_3)_3 + 3H_2O$。从知识点分析，考查了$Al(OH)_3$的两性，但能答对的学生的学习水平已不仅仅停留在多元水平，不但表现为能写出两个对应的化学方程式，而且要进一步考虑原料的选取、顺序的先后等因素，表现为在两个化学方程式之间建立关联，应属于关联结构水平。

同时应注意到，本题进一步提出了要求“不得用电解法和硝酸银试剂”，确保了答案具有唯一性。但这样的要求并没有起到帮助学生思考、促进学生思维发散的作用，反而为了追求答案的标准和唯一，阻碍了部分学生的思维。

(3) 标准化考试时期(1990—2000年)试题的学习水平分析

这一时期在注重“双基”的基础上，根据社会的发展和对人才的需求，突出了对学科能力的考查。在非选择题中，对化学方程式的考查已很少像以前那样，从知识识记和理解的要求进行考查，而是将化学方程式纳入一个主题情境中，考查知识的综合性迁移。以1997年全国高考化学试卷的实验题为例：

1,2-二溴乙烷可作汽油抗爆剂的添加剂，常温下它是无色液体，密度为2.18 g·cm^{-3}，沸点131.4 ℃，熔点9.79 ℃，难溶于水，易溶于醇、醚、丙酮等有机溶剂。在实验室中可以用下图所示装置制备1,2-二溴乙烷。其中分液漏斗和烧瓶a中装有乙醇和浓硫酸的混合液，试管d中装有液溴(表面覆盖少量水)。

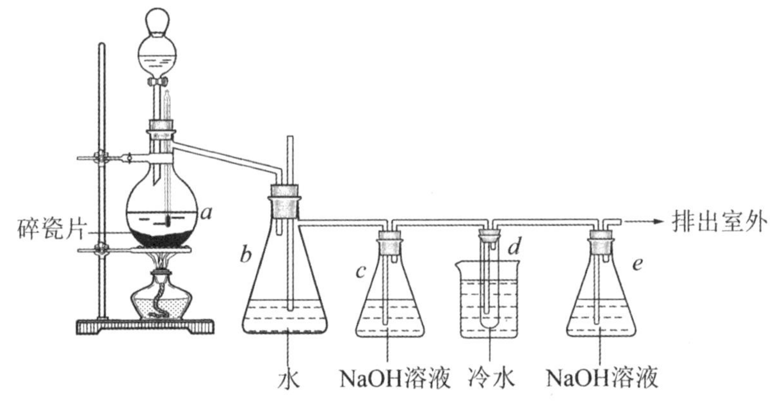

填写下列空白：

① 写出本题中制备1,2-二溴乙烷的两个化学方程式。

要写出本题的两个化学方程式，学生需要仔细阅读大量的文字信息与图片信息，并将两者结合进行关联阅读，进一步分析整套装置中各部分的作用，才能认识到a装置中制出的乙烯通过除杂后进入了d，与d中的溴发生反应，从而写出a与d两个装置中的化学方程式。不仅要认识到上述分析的过程，还要从信息中抽离出有用的部分、排除干扰信息，如它的颜色、密度等是无关信息，而状态、熔沸点、溶解性等是有关的信息，能正确书写的学生已达到关联结构水平。

(4) 综合性考试时期(2001—2013年)试题的学习水平分析

高考不仅要判断学生是否已具备进入大学学习的基本知识，还要区分出不同学生的潜能水平，所以高考不仅要测试学生对教学内容的掌握程度，还要测试学生将这些内容迁移应用于新情境中解决问题的能力。高考命题的选拔性在这一时期理科综合考试中得到了充分体现。以2013年的全国高考试卷的实验大题第③题为例：

锂离子电池的应用很广，其正极材料可再生利用。某锂离子电池正极材料有钴酸锂($LiCoO_2$)、导电剂乙炔黑和铝箔等。充电时，该锂离子电池负极发生的反应为$6C+xLi^++xe^- \xlongequal{} Li_xC_6$。现欲利用以下工艺流程回收正极材料中的某些金属资源(部分条件未给出)。

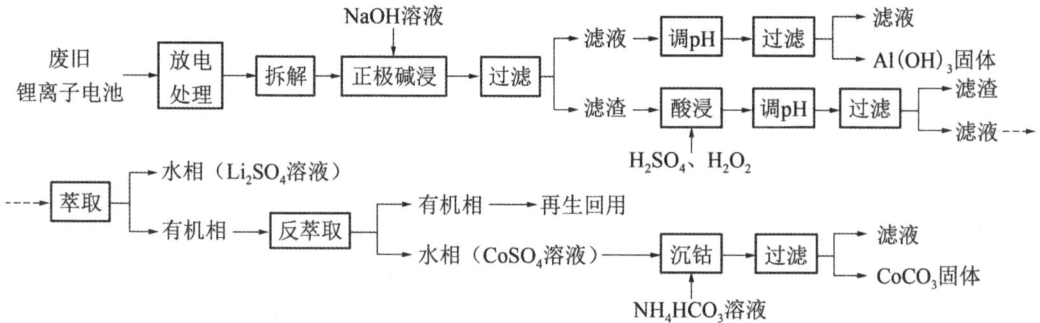

③“酸浸”一般在80 ℃下进行，写出该步骤中发生的所有氧化还原反应的化学方程式：____________________________________；可用盐酸代替H_2SO_4和H_2O_2的混合液，但缺点是____________________。

答案：$2LiCoO_2+3H_2SO_4+H_2O_2 \xlongequal{\triangle} Li_2SO_4+2CoSO_4+O_2\uparrow+4H_2O$，$2H_2O_2 \xlongequal{\triangle} 2H_2O+O_2\uparrow$　有氯气生成，污染较大

学生在完成本题时，既要从文字中认识该工艺流程的目的并获取相关信息，又要从流程图中分析每一步的物质转化过程，认识每一步的作用。“酸浸”步骤位于工艺流程的中间，由于学生并不熟悉Co化合物的理化性质，若按流程图从前往后的顺序，学生很难判断Co元素的转化形式。要认识“酸浸”的作用，应进一步关注“酸浸”后的步骤，主要经历的是过滤、萃取、反萃取等。因为Co与Li的化合物并没有发生化学反应，所以水相中的Li_2SO_4与$CoSO_4$可能是“酸浸”的产物。学生还要依据反应前后Co元素与O元素的化合价变化，写出这一陌生的化学方程式，考虑到80 ℃下H_2O_2会分解，从而写出第二个化学方程式。最后一空，要考虑到盐酸的还原性，推测出产生氯气这一污染性气体。

通过对学生答题时思维过程和障碍的分析，不难发现本题以化学方程式考查的学习水平不仅仅是关联水平，还要充分认识实验的目的，分析根据“酸浸”步骤前后各物质的转化过程，认识每一步的作用，拓展对化学方程式的认识，本题应为扩展抽象结构水平。

(5)"三新"实施时期(2014年至今)试题的学习水平分析

新课标指出,学业质量水平是考试与评价的重要依据。学业质量水平4则是化学学业水平等级性考试的命题依据。对于化学方程式这一物质变化的符号表征结果,达到水平4的学生能在物质及其变化的情境中,依据需要选择不同方法,从不同角度对物质及其变化进行分析和推断;能根据化学反应原理预测物质转化的产物;能在复杂的化学问题情境中提出有价值的实验探究课题;能设计有关物质转化等的综合实验方案。

在当前的试题中,较少甚至几乎不会让学生书写教材中学过的化学方程式,而是强调化学方程式这一符号的功能,引导学生借助这些复杂的符号进行思考、推理和表达,综合分析物质的组成、结构及转化的过程。以2022年1月浙江省学考卷的原理大题第①②题为例:

工业上,以煤炭为原料,通入一定比例的空气和水蒸气,经过系列反应可以得到满足不同需求的原料气。请回答:

① 在C和O_2的反应体系中:

反应1:$C(s) + O_2(g) \xlongequal{\quad} CO_2(g)$　$\Delta H_1=-394\ kJ\cdot mol^{-1}$

反应2:$2CO(g) + O_2(g) \xlongequal{\quad} 2CO_2(g)$　$\Delta H_2=-566\ kJ\cdot mol^{-1}$

反应3:$2C(s) + O_2(g) \xlongequal{\quad} 2CO(g)$　ΔH_3

设$y=\Delta H-T\cdot\Delta S$,反应1、2和3的$y$随温度的变化关系如下图所示。图中对应于反应3的线条是__________。

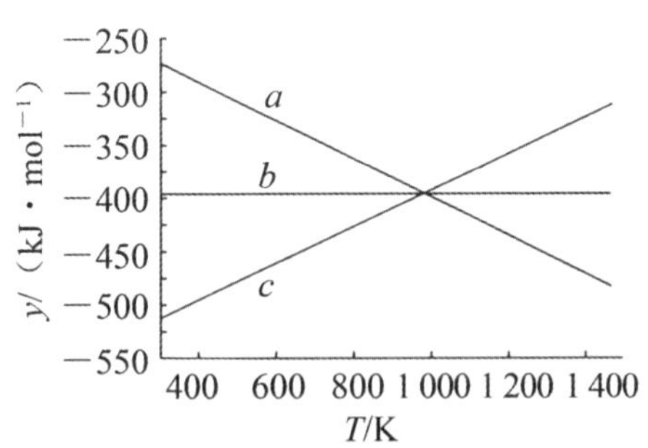

一定压强下,随着温度的升高,气体中CO与CO_2的物质的量之比______。

(A) 不变　　(B) 增大　　(C) 减小　　(D) 无法判断

② 水煤气反应:$C(s) + H_2O(g) \xlongequal{\quad} CO(g) + H_2(g)$　$\Delta H=131\ kJ\cdot mol^{-1}$。工业生产水煤气时,通常交替通入合适量的空气和水蒸气与煤炭反应,其理由是____。

答案:① a B ②水蒸气与煤炭反应吸热,氧气与煤炭反应放热,交替通入空气和水蒸气有利于维持体系热量平衡,保持较高温度,有利于增大化学反应速率

本题中没有考查化学方程式的书写,而是以热化学方程式的形式,结合文字、符号、图给出了多元化的信息。第①题要求学生综合认识本题中相关反应的焓变、熵变、温度,结合图中数据的变化趋势,判断反应的方向,考查多元水平与关联水平。第②题则要求学生在热化学方程式的基础上,结合真实的工业生产水煤气过程,解释选择该工艺条件的原因。学生既要在符号层面分析化学方程式中的物质转化信息,又要在宏观层面认识物质转化与能量转化的关系,还要综合这些信息解决实际生产问题,已经达到了扩展抽象结构水平。

(6) 对原创题编制的启示

从上述对历年化学高考中化学方程式相关试题的梳理及考查的学习水平分析来看,命题探索时期(1952—1966年)与恢复高考时期(1978—1989年)的相关试题是立足学科知识维度考查化学方程式的书写,学习水平主要为单一水平和多元水平;标准化考试时期(1990—2000年)与综合性考试时期(2001—2013年)的试题分别立足学科能力与综合能力维度,考查陌生复杂情境下化学方程式的书写与运用,学习水平主要为关联水平,个别为扩展抽象结构水平;而"三新"实施时期(2014年至今)的试题立足学科核心素养维度,考查学生在陌生复杂情境下对化学方程式的综合理解与拓展认识,并解决实际问题,学习水平为扩展抽象结构水平。

通过梳理与分析高考化学试题考查的学习水平的变化,对编制高中化学原创题有以下两点启发:

第一,要通过原创题渐进式地提升学习水平。习题设计应从基础出发,先考查学生对基础知识与基本技能的掌握,即单一水平和多元水平。随着学生知识的积累和能力的提升,习题应逐渐转向考查学生的关联能力和扩展抽象能力,使学生在掌握基础知识的基础上,能够灵活运用知识解决实际问题。

第二,要通过原创题诊断与发展学科核心素养。习题的编制要围绕化学学科核心素养,如宏观辨识与微观探析、证据推理与模型认知等,通过设计情境和问题,促进学生全面认识化学方程式等化学语言的含义,注重发展学生的综合能力,包括分析问题、逻辑推理、实验设计等,而不仅仅停留在识记层次,要参照新课标中的学业质量水平针对性、系统性地编制习题,使习题更符合新时代的教育理念、更有助于学生的全面发展。

2 原创题编制的理论基础

在探索高中化学原创题编制的过程中，信息加工理论、深度学习理论对我们的实践研究很有启发。信息加工理论揭示了知识获取与处理的内在机制，为我们在习题编制中认识学生的信息加工过程并设计出更具逻辑性和层次性的习题提供了理论支撑。深度学习理论则强调对知识深层理解和迁移应用的重要性，指导我们从学习水平分类的角度设计能引发学生深度思考的原创题。而化学作为一门以物质的组成、结构、反应等为研究对象的自然科学，其独特的研究对象与特点，要求我们在题目编制中体现化学的实用性和探索性。这三者的结合为化学原创题的编制提供了扎实的理论基础，使得编制的原创题既能保证化学知识的系统性和深度性，又能更加符合学生的认知，并追求化学学习水平的进阶，突出习题在实践应用中的导向作用。

2.1 信息加工理论

习题是学习材料的重要组成部分，旨在帮助学生通过实际操作加深对学科内容的理解。学生阅读习题、选择合适的策略进行问题解决的过程是典型的信息输入、加工、输出的过程。信息加工理论是随着信息论和现代计算机技术而发展起来的认知心理学理论，运用信息加工理论能解释人的学习活动。下文通过分析该理论的要点，概述人感知、记忆、加工信息的过程，运用理论指导高中化学原创题编制的过程，针对信息加工的不同阶段更好地呈现信息、组织学生提取信息、诊断并发展学生加工信息的策略。

2.1.1 信息加工理论概述

信息是对观察对象形态、运动状态和方式的反映，在信息系统中是采集、传输、储存和处理的对象。[①]信息经由视觉、听觉、触觉等感官进入大脑，多数信息会被人有意识或无意识地忽略，有些信息会在大脑中短暂存储，然后被遗忘，但还有一

① 陈至立. 辞海：缩印本[M]. 7版. 上海：上海辞书出版社，2022.

些可以保留较长时间,很难被忘记。

信息加工理论研究人如何注意、选择、认识、储存信息,利用信息制定决策、指导外部行为等。[②]这一理论借用信息论的观点和方法来说明人加工信息的心理过程和适应行为,是认识心理学的主要研究方向之一。阿特金森和谢夫林(Atkinson & Shiffrin)提出了信息加工模型,[③]见图2-1。该模型描述了头脑中知识的加工、存储和提取过程,信息通过外部刺激进入人的感官,之后被注意到,并从感觉登记转移到短时记忆,经过复述和编码进入长时记忆中,进入长时记忆的信息可被提取进入短时记忆。

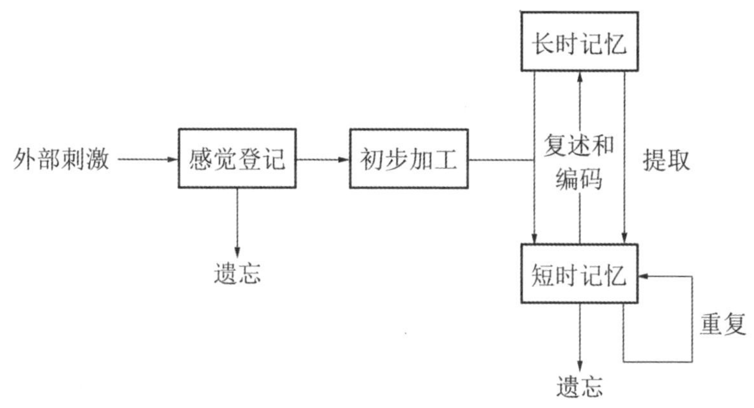

图 2-1 信息加工模型

(1) 感觉登记

在头脑中进行信息加工过程的第一步是感觉登记,人通过感觉器官接受来自外部的刺激,并进行极短暂的保留。这一过程具有指向性和集中性,如果要对外部刺激产生清晰的反映,人的心理活动就要选择性地指向一定的对象,并对其保持一定的注意强度,从而清晰、完整地进行感觉登记,获取的信息才有可能进行下一步的加工。

(2) 初步加工

感觉器官接收外部刺激并进行感觉登记后,大脑就开始对部分刺激进行加工。包括对客观事物的觉察、辨别和确认三个阶段。觉察是发现了事物的存在,但还不能确认该事物是什么;辨别是在觉察后,将客观事物与其他事物进行区别的过程;

---

② 司马贺. 人类的认知:思维的信息加工理论[M]. 北京:科学出版社,1986.

③ 罗伯特·斯莱文. 教育心理学:理论与实践[M]. 10版. 北京:人民邮电出版社,2016.

确认是将当前所获得的信息与个体已有的知识、经验进行比较,以确定知觉对象的属性,将其纳入一定范畴的过程。[4]

(3) 短时记忆

信息被感知后,转入加工过程的第三步:短时记忆。认知心理学家认为短时记忆是一个容量为5~9个信息单元的有限的储存系统,短时记忆保持的时间约几秒钟。短时记忆也被称为工作记忆,信息可以由感觉登记进入短时记忆,也可以从长时记忆中提取信息进入短时记忆进行有意识的加工。短时记忆的主要作用是对信息进行操作、组织,以便将信息与其他信息联系起来,或被遗弃。

(4) 长时记忆

短时记忆的信息通过复述或编码后可进入长时记忆,信息在长时记忆中保持的时间非常长,而且长时记忆的容量非常大。认知心理学家认为长时记忆不仅用于储存信息,也储存学习策略或学习模式,在需要的时候便于调用以回忆信息或解决问题。长时记忆有时无法被提取,表现出与遗忘相似的情况,但实际原因并不是信息丢失了,而在于没有找到提取信息的有效途径。

程序记忆是指对具有先后顺序的活动的记忆。这类记忆是以一系列刺激-反应相配对的方式储存的。书写、跑步、骑车等技能都属于程序记忆,这些技能按一定的程序习得,刚开始比较困难,但掌握后很难遗忘,而且程序记忆的信息检索会以自动化的方式出现。

2.1.2 信息加工理论对原创题编制的启示

信息加工理论能够解释人处理、加工信息时的心理过程,该理论将人脑对信息加工的过程分为四个阶段:注意刺激、信息编码、储存信息、提取信息。教师在编制原创题时运用该理论,有助于感知、预测学生在答题时的心理活动。当学生阅读习题时,习题的文字、图表等信息将作为外部刺激,通过视觉感受器转变为神经信号进入大脑,大脑通过知觉进行初步加工,从习题中获取的信息被储存于工作记忆中。为了解决习题中的任务,大脑将工作记忆中的信息进行加工和转化,并与长时记忆中原有的信息结构进行关联,并尝试从长时记忆中提取相关的知识或模式解决任务,若这一过程顺利进行,则习题中的任务就能被成功解决。

习题的功能主要有以下三方面:巩固学生的知识与技能;诊断分析学生的知识基础与认知能力;发展学生认知能力与综合素质。为了实现习题的这些功能,依据

---

④ 桑标.学校心理咨询基础理论[M].上海:上海人民出版社,2015.

信息加工理论，在原创题的编制过程中需要注意以下要点。

(1) 注意信息聚焦

习题的设计应尽可能引导学生把注意力集中在当前的任务中，便于将外部刺激及时进行感觉登记，在感知的基础上进入工作记忆。可以通过引导语的描述，提示学生需要重视习题中的某些关键信息，在表格、图片的上方与下方标注表与图的名称，提示学生充分了解其含义，在此基础上帮助学生识别和处理最重要的数据或概念。同时，要避免给出过多的无关信息，避免学生在答题时受到不必要的干扰。

以“【创编试题5】光催化剂TiO_2”的编制过程为例：

【修改前的题干信息】

TiO_2具有催化效率高、性质稳定、无毒低廉的优点，是目前首选的光催化剂。二氧化钛按其连接方式和空间结构的排布不同形成三种晶相，分别是：金红石、锐钛矿、板钛矿。其中金红石型晶体在xy、xz、yz平面投影如图所示……

【修改后的题干信息】

TiO_2具有催化效率高、性质稳定、无毒低廉的优点，是目前首选的光催化剂。二氧化钛的金红石型晶体结构如图所示……

【修改说明】

修改前的题干信息中依次介绍了“TiO_2的优点及用途”“TiO_2的三种晶相”“金红石型晶体的模型(投影图)”。分析整道题的情境素材和问题设置可知，“TiO_2的优点及用途”的信息虽然在学生解决本大题的具体任务时没有明显的作用，但有助于学生认识从物质结构角度研究新材料的学科价值，发挥习题在学科育人中的作用，且该信息占据的篇幅不大，故可以保留。“TiO_2的三种晶相”中只有金红石是本题中着重讨论的晶相，另两种晶相并未在后文中出现，作为专有名词出现在题干中可能会引起学生的注意，从而通过感知进入工作记忆，但在后文中没有应用，该信息又将从工作记忆中遗弃，这一过程会增加学生的认知负担，所以在修改中被删去。“金红石型晶体的模型(投影图)”是本题中重要信息，后文中以具体的投影图加以说明，希望通过图文结合的方式引起学生的注意，晶体结构的信息必须保留，但模型呈现的形式有待商榷。

(2) 调控信息总量

进入短时记忆的信息总量直接影响学生的认知符合，适宜的记忆单元数为5~9个，可以依据习题的功能，通过改变信息的总量来降低或提升习题的难度。若要降低习题难度，则每次呈现给学生的信息不能过多，除非这些信息已被很好地组织，或与学生的长时记忆中已有的信息密切联系；若要提升习题的难度，则可以适当隐去部分信息，要求学生进行进一步的加工，还可以适当给出干扰信息，培养学生的信息筛查能力。

但无论是上述哪一种情况，习题应结构清晰，避免不必要的复杂性，使学生能将心理资源尽可能地调用到完成主要任务中，确保习题的巩固功能、诊断功能与发展功能得以实现。

仍以“【创编试题5】光催化剂TiO_2”的编制过程为例：

【信息总量较高的晶体模型】

……其中金红石型晶体在xy、xz、yz平面投影如下图所示：

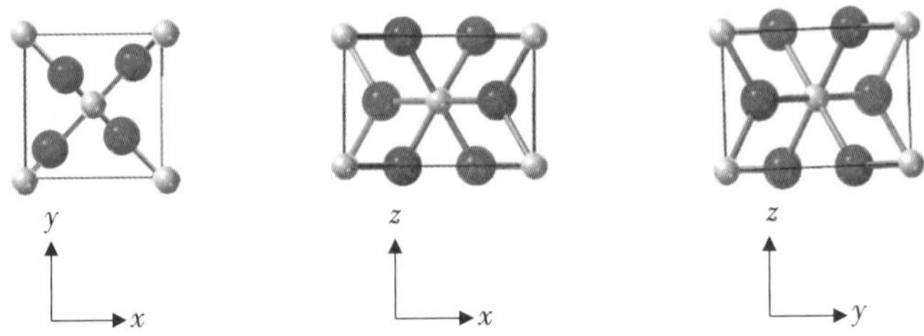

【信息总量较低的晶体模型】

……二氧化钛的金红石型晶体结构如下图所示：

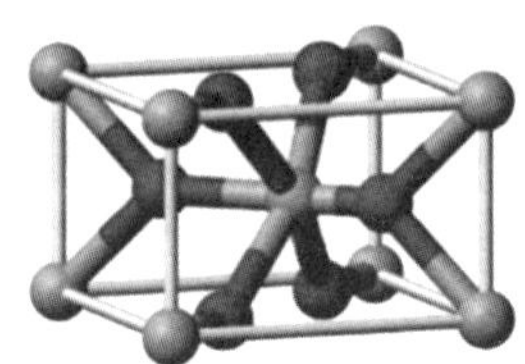

其在xy、xz、yz平面投影如下图所示：

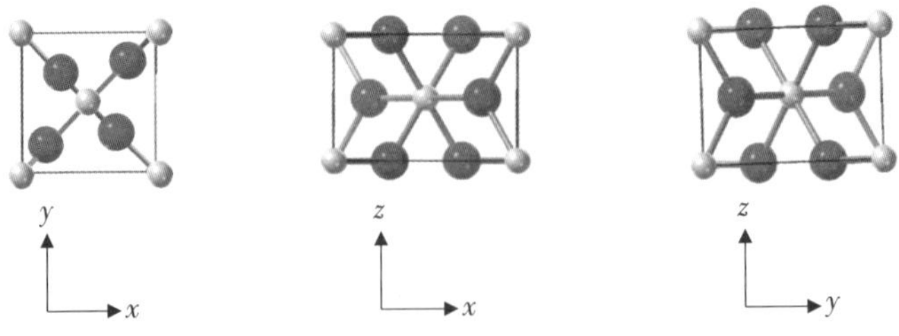

【修改说明】

信息总量较高的晶胞模型呈现了三个方向的平面投影图，但没有呈现晶胞的立体结构。学生需要辨认三幅平面投影图中每一个微粒的位置，并通过三张图的投影方向建立联系，构建出每一个微粒在立体的晶胞中的空间位置，在工作记忆中所占的记忆单元数已超过9个。显然，学生需要一定时间进行信息加工，才能构建出晶胞的立体结构，再与长时记忆中的晶体结构的知识进行关联，故而习题的难度较大。

信息总量较低的晶胞模型直接给出了晶胞的立体模型这一信息，再辅以三个方向的平面投影图。学生可以直接从立体模型中获知每一个微粒在晶胞中的位置，个别微粒的位置若不能确定，还可以借助平面投影图判断，这样在工作记忆中所占的记忆单元数较低，一般的学生都能将这些图片信息在工作记忆中加工，得出晶胞结构，从而进一步完成题目中后续的任务，学生的模型认知能力也在这一过程中得到巩固、发展，并能更准确地被诊断，习题的难度相对较低。

(3) 多模态呈现信息

依据双重编码理论，人的认知系统中有两种不同的编码方式：语言编码与非语言编码，分别将信息储存在长时记忆中，而在处理信息时又可以使用这两种编码进行信息的提取与加工，这两种编码是相互独立又相互作用的。在以纸笔练习为主的原创题中，这两种编码具体的形式是语言（文字）编码与图像编码。在原创题的编制中，可以同时使用文字和图像（图表、模型、示意图等）等多模态地呈现信息，帮助学生综合运用这两种编码方式，更好地进行信息的储存、提取，从而进行更深层次的思考和学习。

以“【创编试题2】金属有机框架材料 Al-PMOF”的编制为例：

【样例呈现】

中国科学技术大学的研究人员制备了一种小尺寸可溶性的金属有机框架材料 Al-PMOF，在催化领域展现出良好的应用前景。图a是该材料的晶体结构，其中包含1个TCCP结构（图b）和8个Al-O八面体基团（图c）。

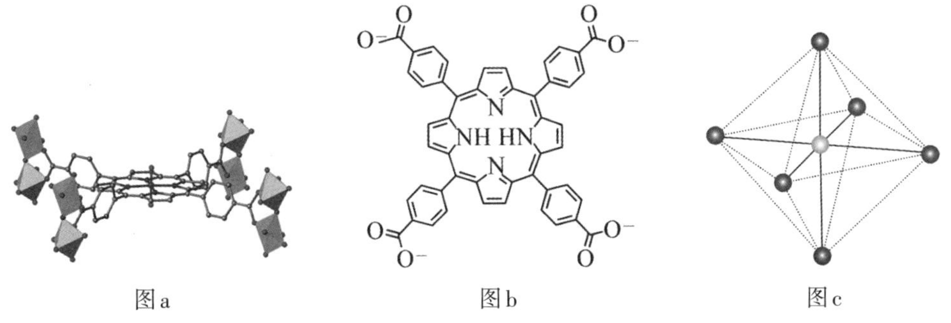

图a　　图b　　图c

【编制说明】

为了呈现Al-PMOF的晶体结构，本题中以图片的方式分别呈现了晶体结构（图a），TCCP结构片段（图b）和Al-O八面体结构片段（图c）。图a的结构相对复杂，为了帮助学生充分提取信息，在题干中用文字提示学生"图a的结构可拆解为1个图b与8个图c的结构"，为了充分说明三者的关系，其中图a与图c以结构模型呈现了微粒在空间中的排布，图b以化学符号的方式呈现。便于学生认识晶体结构中微粒的相对位置及相互连接方式。同时，三张图中的O^{2-}离子均以相同的颜色（红色）表示，N原子均以蓝色表示，确保三张图的科学性和规范性。

学生在阅读这段信息时，可以充分调用语言编码与图像编码，从文字、模型、化学符号等多种模态中获取信息进入工作记忆，并将之前学习中已储存在长时记忆中的宏微结合、模型认知等素养调用到工作记忆中，将语言和视觉信息整合起来，解决相关的挑战性任务。

(4) 详细阐释原因

在纸笔练习中，学生作答通常以文字或符号的形式输出，如果题目的形式为客观题（选择题、填空题等），教师很难依据作答的结果判断学生的信息加工过程，客观题的答案也具有偶然性，也不一定能准确说明学生的信息加工过程是合理的、准确的。所以在原创题的编制中，应加入一定量的主观题，并要求学生详细阐释原因。详细阐述原因有利于学生在信息加工时充分调用已有的知识、选择合适的策略、评估自己的理解，发展元认知技能；也有利于教师从学生的详细阐释中更全面地了解学生的信息加工过程，而不仅仅关注答案的正确性，从而评估教学的有效性，针对性地开展教学补救。

以"【创编试题4】储氢材料氨基锂"的编制为例：

【样例呈现】

上述储氢材料释氢反应的$\Delta H>0$，所以释氢过程需要加热，但是过高的温度还会使储氢材料放出大量NH_3。为解决这个问题，研究人员在该储氢材料中分别加入下列物质，释氢过程的实验结果如下：

在储氢材料中添加的物质	实验过程与结果（储氢材料中氢元素的质量分数）
$TiCl_3$	在150~250 ℃，2 h内释放5.5 %~6.0 % H_2，并且没有NH_3生成
$LiBH_4$	在250 ℃，30 min内释放4 % H_2，抑制了杂质气体NH_3的生成
$Ca(BH_4)_2$、5 % $CoCl_2$	在178 ℃，5 h内释放7 % H_2，有少量杂质气体NH_3的生成

根据上述实验结果，能否比较三种材料在释氢能力、释氢速率和释放杂质气体方面的差异，请选择其中一个方面进行分析。

【编制说明】

本题希望学生首先能理解根据储氢材料释放氢气的过程是吸热反应，故需要加热，在此基础上比较三种物质对储氢材料的影响。题干中给出的信息较多，若单个地分析信息，记忆单元数已超过适宜的区间，所以信息加工时应运用分组策略，从反应温度、化学反应速率、释氢能力和是否释放杂质气体等四个角度分析，从而减少占用的记忆单元数，使心理资源能调用到进一步的分析过程中，这一信息加工过程能发展学生的认知能力。

要求学生在作答时详细阐释、分析表格中的实验结果。教师就能从学生的回答中看出个体是否能对众多的信息进行分组，进而从几个角度比较材料的优缺点；也能看出个体分析问题的全面性和深刻性，从而判断学生采用的认知策略，评估学生的认知能力。

2.2　深度学习理论

习题不仅是评估学生深度学习成果的工具，也是促进学生进行深度学习、发展核心素养的重要手段之一。深度学习的研究已有多年并植根于不同学科，研究者从不同视角、基于不同理论、采用不同研究方法，使深度学习的研究呈现纷繁多彩的样态。下文通过分析国内外教育领域中深度学习的相关研究，概述深度学习内涵的演变、驱动的路径和评价的方式，描绘深度学习理论的要点，为高中化学原创题研究提供一个坚实的出发点和框架，并为编制过程提供设计指导，使原创题的编制从应然走向实然。

2.2.1　深度学习理论概述

(1) 深度学习的内涵

深度学习的概念最早由马顿和萨乔提出，他们通过研究认为学习者对学习任务有不同层次的感知和理解，从而产生不同的学习结果层次，同时学习过程也呈现出浅层和深层的差异，[⑤]并由此创立了两个重要的学习概念：浅层学习(surface learning)和深度学习(deep learning)。

---

⑤ Marton F, Saljo R. On qualitative differences in learning[J]. Outcome and process, 1976, 46: 4-11.

①浅层学习:为了再现而学习

马顿和萨乔对学生的学习过程开展实验研究,将同一份专业文章交给一组学生进行学习,并告知教师将对这篇文章进行提问。发现学生学习这一专业文章的方式存在差异,其中一类学生聚焦在文章中的重点内容,并尝试以记忆背诵的方式应对教师的提问。显然,这种学习的方式属于浅层学习,学习的目的是再现知识,而非理解内容,更没有将学习内容与其他事物进行关联。

浅层学习的主要特点:以无关联的方式记忆信息;学习仅限于教学内容;采用最少的努力来通过测试。这样的学习方式无法在概念之间产生联系,学习的结果是低质量的数量累计(量变),而没有产生质变。

②深度学习:为了迁移而学习

在上述实验中,还有一类学生在阅读专业文章后,尝试概述文章的大意,领会中心思想,并结合自己的学习经历和专业知识进行思考。这样的学习方式就属于深度学习,与浅层学习相比,深度学习的目的并非原样地再现知识,而是为了理解知识并与之建立联系,可以认为这是迁移学习的一种方式,属于更高的思维层次,而迁移的前提是以理解和建构的方式进行学习。

深度学习的主要特点:以关联的方式理解信息;学习不局限于教学内容;为了兴趣而学而并非仅为了通过测试。这样的学习能够在概念之间产生联系,学习的结果是有质量的数量累计,容易产生质变。

深度学习是指学习者在理解学习的基础上,能够批判性地学习新的思想和事实,并将它们融入原有的认知结构中,能够在众多思想之间进行联系,并能够将已有的知识迁移到新的情境中,作出决策和解决问题的学习。[⑥⑦]深度学习包含认知、人际、自我三大能力领域下的六种能力:掌握核心学术内容、审辨思维与复杂问题解决、协同作业、有效沟通、学会学习、发展与维持学术意念,[⑧]关系见下页表2-1。

(2) 深度学习的驱动

诺曼·韦伯在教育目标分类学的基础上,提出了"知识深度(depth of knowledge)",简称DOK理论,将知识深度标准划分为以下四个层次。

DOK1:回忆和重现。注重知识回忆和重现,要求学生能对事实、定义、用语、简

⑥ THE WILLIAM AND FLORA HEWLETT FOUNDATION. Deeper Learning[EB/OL].[2019-01-05]. http://www.hewlett.org/strategy/deeper-learning/.

⑦ 何玲,黎加厚.促进学生深度学习[J].现代教学,2005(5):29-30.

⑧ 彭红超.智慧课堂环境中的深度学习设计研究[D].上海:华东师范大学,2019.

表 2-1 深度学习能力及领域划分

深度学习能力	认知领域	掌握核心学术内容
		审辨思维与复杂问题解决
	人际领域	协同作业
		有效沟通(书面、口头)
	自我领域	学会学习
		发展与维持学术理念

单的过程以及简单步骤和流程进行应用。

DOK2:技能和概念。强调技能和概念,指那些超越知识回忆和重现的思考、观察,并进行推论和解释。

DOK3:策略性思考和推理。运用策略性思考和推理,包括复杂的和抽象的,甚至是逻辑推理的认知需求,常常需要多步思维过程。

DOK4:拓展性思考。开展拓展性思考,需要高阶的认知行为,使用高级的思考模式,比如分析、综合和反思;涉及复杂的概念和跨内容、跨学科领域的思考和实践。⑨

可见,其中DOK1代表了浅层学习,DOK2、DOK3和DOK4的学习层次不断深入。通过教育教学活动,驱动学习的层次从浅层到深层,并发展为深度学习,不仅是回应学生个体成长的需求,更是当前加快建设教育强国,培养德、智、体、美、劳全面发展的社会主义建设者和接班人的时代需求。

驱动深度学习的发生可以从学校课程、课堂教学、评价方式、教师素养等方面进行。目前的研究更多关注在学科课堂教学上促进学生深度学习的具体策略。在深度学习的认知领域,相关教学策略主要包括:教师创设真实的教学情境、将知识整合其中;通过项目学习的方式帮助学生掌握核心知识内容、发展批判性思维能力;通过专题研究或课外作业进行差异化、个性化的教学。在人际领域,相关教学策略主要包括:积极开展小组合作学习,提供实习机会作为学生校外情境中加强合作技能的途径。在自我领域,教学策略主要包括:组建研究小组,学生可以参与决策制定,开展个别化学习,发展独立学习和自我管理的能力。⑩

⑨ 詹姆斯.A.贝兰卡.深度学习:超越21世纪技能[M].赵健,译.上海:华东师范大学出版社,2020.

⑩ Mette, H, Catherine, B. The Shape of Deeper Learning: Strategies, Structures, and Cultures in Deeper Learning Network High Schools[R]. Washington, D.C.:American Institutes for Research,2014.

习题是学习过程中不可或缺的一部分，尤其是习题的创新性设计在深度学习的驱动中具有不可代替的作用。新课标指出，应充分发挥习题在促进学生化学学科核心素养发展方面的作用……发挥习题在学生概念建构、知识迁移、问题解决等多方面的作用。高中化学原创题的创新性设计有利于发展学生的深度学习能力，通过习题形式的变化，促使学习方式从孤立地再现知识转变为有联系地理解知识，进一步在新情境下迁移、运用知识解决真实问题。原创题可以在深度学习等理论和经验的指导下进行系统设计，在实践、反思的循环往复中驱动深度学习的发生。

(3) 深度学习的评价

深度学习作为学习的一种方式，其本身尚在探索之中，关于深度学习的评价也处在研究和探索中，每种评价都有优越性和局限性。比格斯在布鲁姆的教育目标分类学的基础上，提出了针对思维结构复杂程度的SOLO(structure of the observed learning outcome)分类法，以弥补教育目标分类法在高阶思维能力评价上的不足，而高阶思维的发展与深度学习的实现密切相关，[⑪]SOLO分类法在深度学习评价研究中有一定的参考价值。

SOLO原意是"可观察的学习结果的结构"。SOLO分类本质上是一种认知发展的理论，它从思维方式和反应水平两方面来描述认知发展，按结构复杂性层次的增加依次分为5种反应水平，见图2-2。

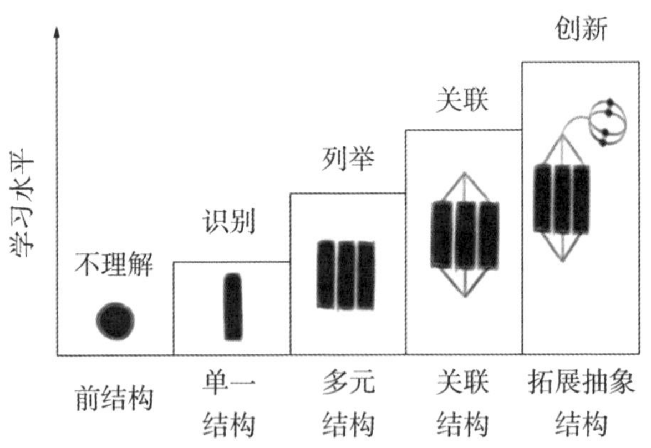

图 2-2　SOLO 分类法的水平划分

⑪ 张浩，吴秀娟，王静. 深度学习的目标与评价体系构建[J]. 中国电化教育，2014(7)：51-55.

① 前结构水平:学习者被情境中无关的方面所迷惑或误导,不能以任务中所涉及的表征(或功能)方式处理任务,是一种低于目标方式的反应。

② 单一结构水平:学习者关注主题或问题,但只能从一个相关的线索出发,找到一个线索就立即跳到结论上去。主要特点是:希望快速回答问题,忽视可能出现的矛盾。

③ 多元结构水平:学习者能使用主题中的多个线索,却不能觉察到这些线索之间的联系,不能对线索进行整合。主要特点是:找到了多个相关特征回答问题,但缺乏有机整合的能力,多个特征之间缺少逻辑关联。

④ 关联结构水平:学习者能够使用主题中所有可获得的线索,将它们相互关联地形成框架,成为一个整体并解决问题。主要特点是:能够从整体上把握题目的要求,并将各种相关信息整合成有机整体,形成逻辑联系。

⑤ 扩展抽象结构水平:学习者在关联的基础上,对问题进行更全面的思考,以概括出更抽象的特征,生成一般性的假设并迁移应用到新情境中。主要特点是:使用外部系统的资料和更抽象的知识;会归纳问题,并在归纳中概括考虑了新的和更抽象的特征;结论具有开放性且更抽象。⑫

通过对深度学习理论与SOLO分类法的分析,可以发现处于前结构水平的学生并没有达成学习的目标,没有对应的学习层次;处于单一结构和多元结构水平的学生对应浅层学习层次,即能够再现知识,但没有达到真正理解知识的水平;处于关联结构水平的学生和扩展抽象结构水平的学生对应深度学习层次,即在理解的基础上,能将知识进行迁移应用。

2.2.2 深度学习理论对原创题编制的启示

新课程、新教材和新高考的实施旨在培养和发展学生的学科核心素养,这与深度学习理论强调的在理解知识的基础上实现知识的迁移,从而培养学生的批判性思维、创造性思维和解决问题的能力是相一致的。习题是教师为了帮助学生巩固和加深对课堂所学知识的理解,在此基础上实现知识迁移、能力提升而选取或设计的一系列问题和练习,是学生深度学习过程中不可或缺的一部分。通过原创题的编制,促进教育者与学习者双方对知识从理解到迁移的深度学习过程。

(1) 通过原创题的编制能促进教师的深度学习

教师编制原创题的过程本身就是一种深度学习。通过原创题的编制,教师经

---

⑫ 蔡永红. SOLO分类理论及其在教学中的应用[J]. 教师教育研究,2006(1):34-40.

历了素材选取、情境创设、知识关联、问题设计等过程，理解了学科本体知识和教育教学相关理论，并将学科本体知识和教育教学理论相结合，进一步关联为体系，在融合中进行习题的创作，实现知识与能力的迁移。这一过程符合深度学习的特征和一般过程。

教师的深度学习能带动学生的深度学习。在教学中提出一个有意义的问题，可以激发学生的思考，启发学生的思维，促进学生的深度学习，这需要教师具有丰富的知识和经验并发挥创造性。在命题这一深度学习的过程中，教师进一步认识了学科在长期实践和探索中发展起来的认识事物的独特方式，包括知识体系、学科方法、思维方式、社会价值等，并借助习题的编写将信息重整后呈现给学生，再设计相关的问题引导学生将已学的知识技能、过程方法、态度和价值观等综合运用，解决现实情境中的新问题，实现迁移。在教师命题、学生做题、讲解订正、师生反思等活动中，教育者与学习者经历先知后行、知行合一的深度学习过程，发展了各自的高阶思维能力。

以"【创编试题2】金属有机框架材料 Al-PMOF"的编制过程为例：

这道题的编制过程从确定选题方向开始，到最终定稿，先后经历了四步：研究真题、确定方向；阅读文献、发现素材；追根溯源、积累素材；编写习题、修改完善。这是教师自身深度学习，提升教师的信息检索、理科阅读、知识关联和问题设计能力的过程，见图2-3。

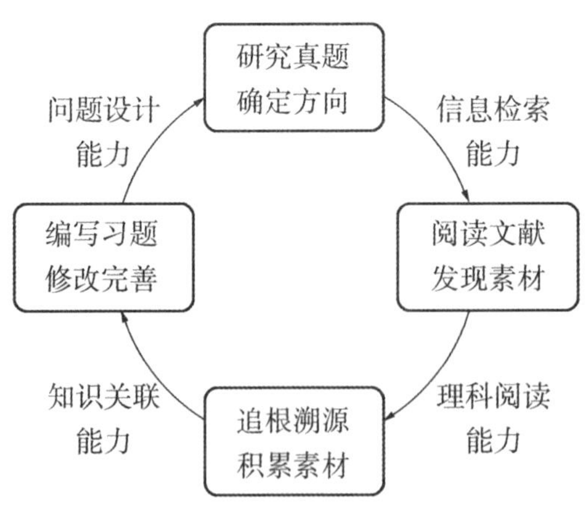

图2-3 促进教师深度学习的化学原创题编制过程

① 研究真题、确定方向

2023年全国高考化学试卷(甲卷)的第35题创设了如下的情境素材：

以酞菁-钴酞菁-三氯化铝复合嵌接在碳纳米管上，制得一种高效催化还原二氧化碳的催化剂。酞菁和钴酞菁的分子结构如下：

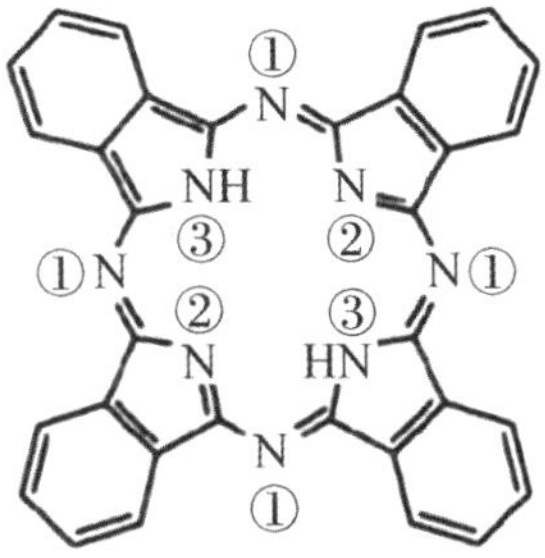

酞菁 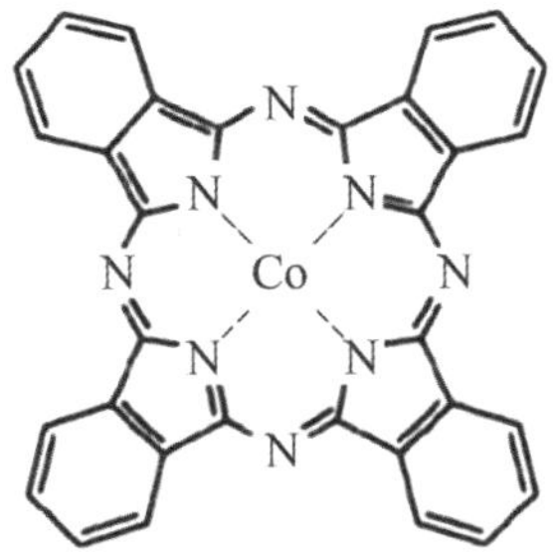　　　　钴酞菁

试题中继续呈现信息并设计问题：酞菁分子中所有原子共平面。酞菁分子中p轨道能提供一对电子的N原子是______（填图酞菁中N原子的标号）。钴酞菁分子中，钴离子的化合价为______，氮原子提供孤对电子与钴离子形成______键。

本题的情境背景是一种能高效催化还原二氧化碳的新型催化剂，其中含有两种结构复杂且学生未学过的物质——酞菁与钴酞菁，要求学生运用杂化轨道理论分析分子结构，根据物质结构理论判断化学键的类型及中心离子的化合价。

随着新课程理念的日益深入，作为学科核心素养评价手段之一的新高考化学试题，将立足于创设真实的学科情境，评价学生应对和解决各种复杂问题的能力。这就要求教师在教学中积极挖掘相似的背景素材，使学生将已有的知识整合形成结构化思维，并迁移到新任务中，灵活地、创造性地运用并解决新问题。原创题的编制也应朝着这个方向发展。

② 阅读文献、发现素材

新情境、新素材、新任务一定来源于现实世界。化学作为一门基础自然科学，其任务是探究物质的组成、结构、性质以及变化规律，并应用规律在新材料、新药物、新能源等领域中，起到关键的推动作用，这些领域相关的研究过程及结果可以转化为原创题的素材。

《化学学报》是我国创刊最早的一本综合性化学学术期刊，其网站（https://sioc-journal.cn/hxxb/CN/0567-7351/home.shtml）界面清晰友好，图文并茂地展示了化学研究的最新成果，并具有文献搜索、摘要阅读等功能，有利于教师从中获取原创题的素材，网站页面及功能见下页图2-4。

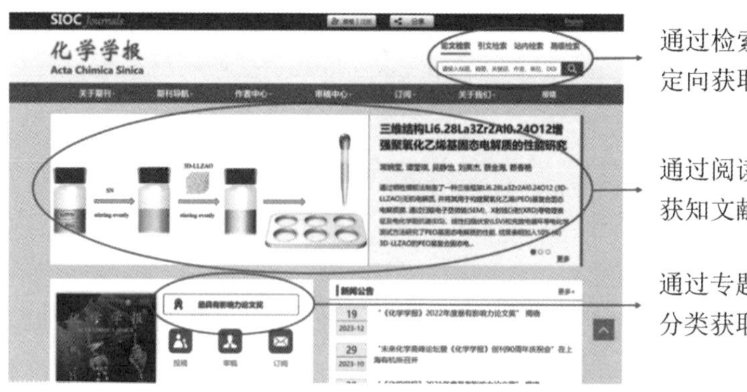

图 2-4 《化学学报》网站界面及主要功能

在该网站中，刊登了吴浅耶等发表的论文《一种可溶性卟啉 MOF 的微波辅助合成及其光催化性能》，[13]并展示了文献配图，见图 2-5。从图中可以发现与 2023 年全国高考化学试卷（甲卷）第 35 题中酞菁相似的结构——TCPP，通过阅读摘要，获知了研究者分别通过传统水热法与微波辅助合成法制备了两种不同颗粒尺寸的铝-卟啉金属有机框架材料，并测试了两种材料在催化分解水制氢反应中的催化性能。通过完整地阅读这篇文献，发现相关素材可以直接关联的高中化学知识有：胶

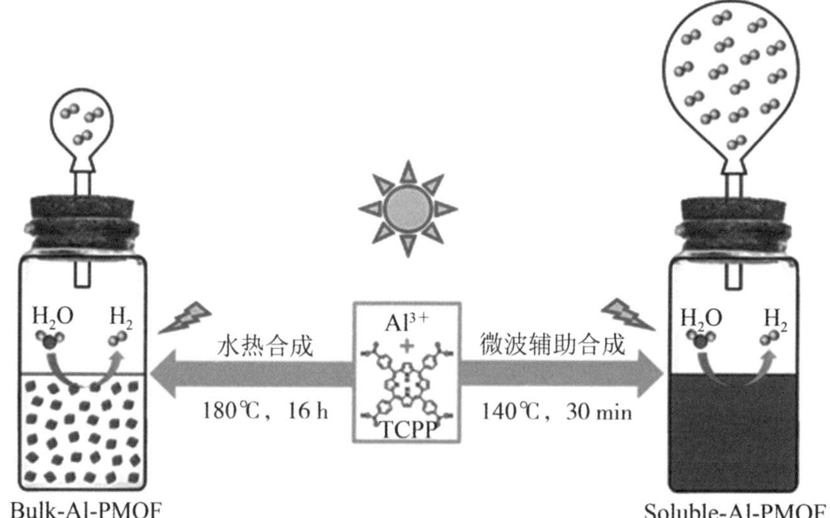

图 2-5 《一种可溶性卟啉 MOF 的微波辅助合成及其光催化性能》文献配图

⑬ 吴浅耶，张晨曦，孙康，等．一种可溶性卟啉 MOF 的微波辅助合成及其光催化性能[J]．化学学报，2020，78(7)：688-694.

体、配位键与配位化合物、化学反应速率等，通过挖掘素材还能间接关联有机合成、化学实验、原子结构等知识。

③ 追根溯源、积累素材

这篇论文能提供不少素材，但主要集中在新材料的制备方法和性质检验，缺少对TCPP、铝-卟啉金属有机框架等材料的结构描述，为了在原创题中发展学生宏观辨识与微观探析等化学学科核心素养，应进一步明确相关物质的微观结构，并通过化学符号进行表征。

继续在中国知网等数据库中就同一作者的其他文献、同一主题的其他文献进行检索，发现了同一作者的硕士学位论文《铝-卟啉MOF的微波辅助法合成及其光催化分解水制氢性能研究》，[14] 该文献详细阐述了新材料的制备过程，但仍缺少对材料结构的详细描述。于是，从该文献引用的参考文献中继续追根溯源，终于在一篇英文文献中找到了TCCP及铝-卟啉金属有机框架的结构表征（卟啉MOF的结构），见下页图2-6。[15]

通过进一步阅读文献，获知了该材料的组成与结构、催化水分解制氢的机理，为习题的编制积累了丰富的素材。但由于该材料的结构非常复杂，文献中只能从二维平面上呈现微粒在三维空间中的排布。为了增进对该物质结构的认识，继续在晶体库中搜索该材料，并借助晶体结构软件Mercury从不同角度查看该材料的3D模型（见图2-7），增进了教师对该物质结构的认识和理解，从而更好地进行习题编制。

在上述过程中，教师通过文献的检索与阅读，在软件中建构、观察模型，增强了自身对相关文献的认识，也极大地提升了自身的文献检索能力、理科阅读能力，并在理解的基础上获取信息并进行筛选，形成了原创题的素材。

④ 编写习题、修改完善

在获取素材后，教师开始组织信息，编写习题，并通过团队研讨的方式反复修改，完善习题的情境设置、知识关联、问题设计等，力求更好地呈现信息，并通过习题引导学生获取、加工信息，在知识迁移的过程中实现深度学习。

---

⑭ 吴浅耶．铝-卟啉MOF的微波辅助法合成及其光催化分解水制氢性能研究[D]．中国科学技术大学，2020.

⑮ Fateeva A, Chater P A, Ireland C P, et al. A Water-Stable Porphyrin-Based Metal-Organic Framework Active for Visible-Light Photocatalysis [J]. Angewandte Chemie International Edition, 2012, 124(30): 7558-7562.

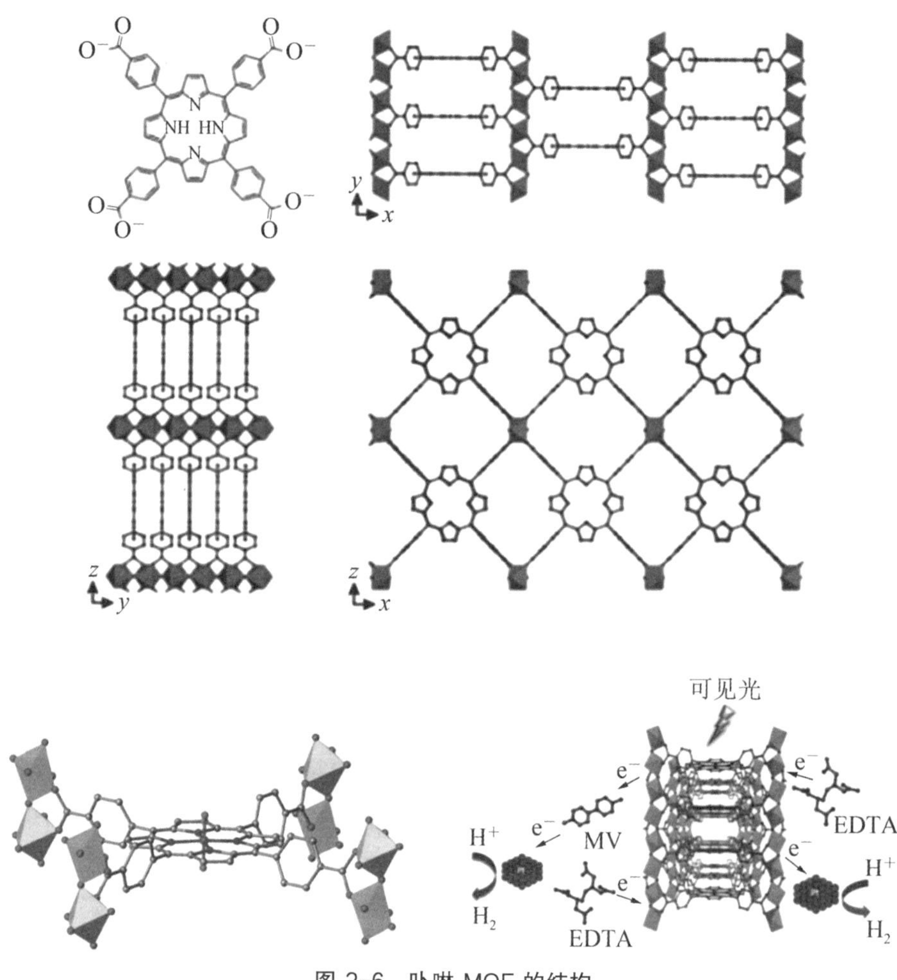

图 2-6 卟啉 MOF 的结构

图 2-7 在晶体结构软件中查看卟啉 MOF 的结构模型

(2) 通过原创题的编制能评估学生的深度学习

依据深度学习理论与SOLO分类法，可以认识到人在学习的过程中，思维方式逐渐从具体走向抽象、从单一走向多元、从封闭走向开放，学习者对问题的反应表现出结构复杂性层次增加的若干水平，因此可以通过设置不同思维水平的问题，观察学习者的学习结果，从而评估学习者在课程学习后的认知特征水平。

将SOLO分类法的划分标准与高中化学学科内容结合，可将学生的学习结果划分为五个层次水平，并在原创题的编制中有意识地设置相应层次水平的习题，通过学生的答题情况评估学生所处的学习水平，见表2-2。

表2-2　基于SOLO分类法划分高中化学学习水平

学习水平	化学学习结果表现
前结构水平	认知停留在表面，无法运用自然语言或化学语言清楚地表述化学概念、原理等，不能处理单一结构水平的任务
单一结构水平	对化学相关概念有一定的了解，能正确表述单一要素问题对应的概念和原理，但忽视问题可能对应着多个要素，不能处理多元结构水平的任务
多元结构水平	能够正确表述化学概念，能辨识出问题对应的多个要素，并从多个角度认识问题、解决问题，但缺乏一定的整合能力，很难在多个要素之间进行联系
关联结构水平	能够研究和解决具有一定综合性的化学问题，能够认识到主题中可获得的多个化学要素，并将这些要素关联成整体解决问题
扩展抽象结构水平	在关联的基础上，对化学问题能进行更全面的思考，可以回答出具有拓展性的答案，能够拓展问题的本质意义，在理解化学知识的基础上实现综合性的迁移运用

以"【创编试题2】金属有机框架材料Al-PMOF"的部分习题及学习水平划分为例：

为研究材料分解水制氢的能力，向上述分散系中分别加入$[Pd(CH_3CN)_2]Cl_2$，通过沉积的方式使Pd纳米颗粒沉积到材料上，使Pd与Al-PMOF共同作用起到光催化制氢的作用。

① $[Pd(CH_3CN)_2]Cl_2$中，含有的化学键是________________________。

② $[Pd(CH_3CN)_2]Cl_2$中，提供孤电子对的原子是________，其原因是____________________________________。

【参考答案】①离子键、共价键、(配位键)　②N　CH_3CN中存在—C≡N，N原

子与C原子形成三键后，还存在孤电子对，(能进入Pd^{2+}的空轨道形成配位键)

学习水平评估	处于对应水平学生的答题结果(参考)	
	题①	题②
前结构水平	无法作答	
单一结构水平	共价键	
多元结构水平	离子键、共价键、(配位键)	
关联结构水平	离子键、共价键、(配位键)	N；CH_3CN中的N原子存在孤电子对
扩展抽象结构水平	离子键、共价键、(配位键)	N；CH_3CN中存在—C≡N，N原子与C原子形成三键后，还存在孤电子对，能进入Pd^{2+}的空轨道形成配位键

【编制说明】

处于前结构水平的学生无法辨识$[Pd(CH_3CN)_2]Cl_2$中的化学键，也无法用化学语言进行表示，学生无法作答或写金属键等答案，可以认为处于该水平。

处于单一结构水平的学生能辨识$[Pd(CH_3CN)_2]Cl_2$中的部分化学键，如共价键，但也无法辨识其中所有的化学键类型。

处于多元结构水平的学生在第①题中能辨识$[Pd(CH_3CN)_2]Cl_2$中的所有化学键(多个要素)，但在第②题中无法判断该配合物中提供孤电子对的原子，或能判断出N原子，但无法说明原因，无法将相关要素关联在一起进行判断，还达不到关联结构水平。

处于关联结构水平的学生能正确辨识其中的所有化学键和提供孤电子对的N原子，能从结构角度分析CH_3CN中各原子的成键方式，从而说明理由。

处于扩展抽象结构水平的学生在前者的基础上，还能进一步说明N原子的孤电子对能进入Pd^{2+}的空轨道，能够拓展认识到问题的本质意义是形成配位键的方式，在理解化学知识的基础上实现综合性的迁移运用。

(3) 通过原创题能发展学生的深度学习

深度学习理论强调以学生主动参与和自我建构知识，在此基础上进行知识的理解和迁移。通过原创题的编制，在习题中以图片、文字等方式给出新的信息，引导学生通过阅读获取新的知识进行建构，结合已有的知识进行关联，在新的挑战性任务中综合地解决问题，实现深度学习。

为了更好地发展学生的深度学习，在编制习题时要注意问题情境的设计，鼓励学生不仅能回答出正确答案，还要能理解背后的原理，对问题进行多角度的思考理解和批判性分析。要注意知识的整合与创新，部分习题可以设计成开放性问题，鼓励学生综合运用学科内的不同知识，甚至是不同学科之间的知识，进行创新性的思考与问题解决。还应关注学生元认知能力的培养，通过设计反思性问题或要求学生阐释解题过程，鼓励学生在梳理思维、完整表达的过程中发展和评估自己理解概念的程度。

以“【创编试题2】金属有机框架材料Al-PMOF”的编制为例：

【样例呈现】

用水热法制得红褐色的粉末(Bulk-Al-PMOF)，用微波辅助合成法制得绛红色的凝胶(S-Al-PMOF)。将两者分别溶于适量乙腈(CH_3CN)，前者在短时间内便会沉降，后者长时间放置仍能保持澄清。用激光分别照射后结果如下图所示：

激光照射 Bulk-Al-PMOF/乙腈的现象

激光照射 S-Al-PMOF/乙腈的现象

为研究材料分解水制氢的能力，向上述分散系中分别加入$[Pd(CH_3CN)_2]Cl_2$，通过沉积的方式使Pd纳米颗粒沉积到材料上，使Pd与Al-PMOF共同作用，起到光催化制氢的作用。将加入$[Pd(CH_3CN)_2]Cl_2$处理的Bulk-Al-PMOF与S-Al-PMOF进行光催化制氢对比实验，使两种材料上沉积的Pd的量相同，测定6 h内产生氢气的速率，实验结果如下图所示。

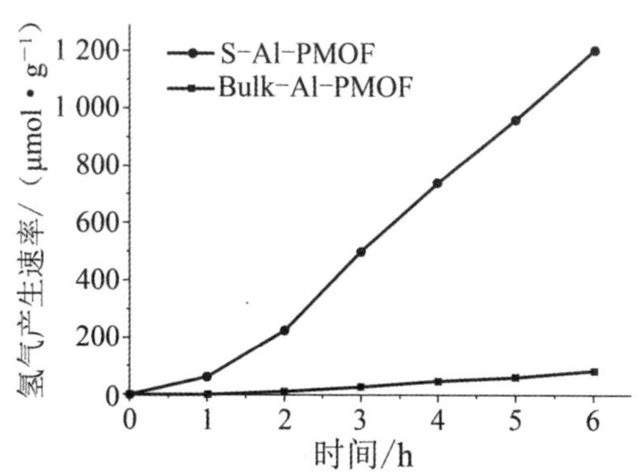

从粒径大小角度解释两种材料催化效果不同的原因是________________

____。

【编制说明】

本题的情境素材源于新型材料Al-PMOF的相关文献，属于陌生复杂情境，适合发展学生迁移运用知识的深度学习能力。新信息包括：通过水热法与微波法得到微粒大小不同的两种Al-PMOF，运用丁达尔现象探测两种分散系中分散质颗粒的大小，再将这两种材料运用于光催化制氢的实验中，对比两者产生氢气的化学反应速率。

学生在阅读试题时，从激光笔照射两种样品后产生现象的差异，来辨别胶体与浊液，认识到两种材料颗粒的相对大小，再通过Pd纳米颗粒沉积的过程，认识到分散质粒子半径越小，比表面积就越大，负载的Pd颗粒的面积也较大，催化效果好，联系到图中曲线可以发现，对应的材料产生氢气的速率较大。

上述分析需要学生关注到题目中的实验现象、颗粒沉降、产生氢气的速率等多个要素，从单一结构水平发展到多元结构水平，再结合定性实验与定量实验中的证据，将多个要素联系起来共同思考，发展到关联水平，最后从宏观与微观结合的视角对两种材料的催化效果的差异进行解释，发展到扩展抽象结构水平。学生答题的过程中，能在回忆和重现相关概念的基础上，通过阅读文字和观察图片获取信息，运用策略进行复杂信息的抽象整合，通过多步的逻辑推理，进行拓展性思考，体验了完整的深度学习过程。

2.3 化学科学的研究对象及特点

原创题的编制离不开具体的学科内容。化学学科侧重于化学知识的传授和化学思维的培养，而化学学科的知识体系与思维方法源于化学科学，只有从总体上认识化学科学，审视这一自然科学领域的总和，关注化学科学的研究对象、特点，才能更好地认识化学学科教学，进一步指导化学原创题的编制。

2.3.1 化学科学的研究对象

从人类学会使用火以来，通过实践经验获取的化学知识就处在不断累积的过程中，经历了希腊自然哲学思辨和化学的原始形态炼金术。17世纪波义耳将实验方法引入化学，认为作为万物之源的元素，并不是哲学家认为的四种，也不是炼金术士所说的三种，而一定会有许多种，波义耳的著作《怀疑派化学家》被认为是近代化学的开始。化学家通过实验法相继发现了许多元素，18世纪拉瓦锡发现了氧，

建立了燃烧氧化理论，否定了错误的燃素学说，进一步定义了元素的概念。化学研究从定性发展到定量，相继确立了质量守恒定律、定组成定律、倍比定律等。19世纪，道尔顿与阿伏加德罗在这些定律的基础上相继提出原子论和分子学说，建立了化学结构理论，化学热力学与动力学理论的提出帮助人们认识了化学反应的规律性。20世纪，随着原子结构的发现，对元素定义更加科学，对物质组成的认识更加深入、越发清晰。而随着化学键、量子力学等理论的相继提出，进一步揭示了物质结构的实质，深入认识了化学反应的规律，构建了结构与反应的联系。

进入21世纪后，新技术对化学科学的发展产生了深远的影响：纳米技术的发展使得化学家能够在纳米尺度上操纵原子和分子，设计与合成具有特定性能的新材料；人工智能的发展，使得AI能从化学家在长期积累的物质信息中进行深度学习，加速了新化合物的发现和合成路径的优化；[16]激光技术的引入促进了现代仪器分析的发展，大大提高了分析方法的灵敏性，使得单个原子或分子的检测成为可能；色谱技术的发展使得化学家能从复杂混合体系中分离组分并进行定量测定。利用这些新技术能帮助化学家更好地从原子和分子水平设计、合成新物质并进行分离、检测，进一步加速功能性材料的研发，使得化学科学在生物医药、能源环境、航空航天等多个领域实现了突破性进展。科学哲学家认为：化学与生命科学、人工智能、神经网络和大数据等学科技术的融合，以及应对能源问题、全球变暖、新型药物需求等社会驱动因素，是化学革命的诱因，我们正处于一场化学革命之中。[17]

通过对化学发展过程的梳理和对21世纪化学科学发展的展望，可以发现尽管化学科学研究的问题众多，但总体上沿着物质转化的线索，关注物质转化的内在依据——物质的组成，认识物质组成之间的关系（即物质的结构），进而认识物质结构的变化，从而确立化学科学研究的三个基本问题：物质由什么构成？物质是如何构成的？不同的物质之间是如何转化的？从这些问题可以得出化学科学研究的三个基本对象：组成、结构、反应。[18]

（1）物质的组成

在化学科学的发展过程中，物质的组成与元素密切相关。在古代自然哲学中，元素被认为是构成万物的本源，也就是组成物质的基本成分，早期化学家接受并发

---

⑯ 梁文平，唐晋，王夔. 21世纪化学学科的发展趋势［J］. 创新科技，2006（11）：44-45.

⑰ Seeman J I. Revolutions in Chemistry: Assessment of Six 20th Century Candidates［J］. JACS Au, 2023, 3(9):2378-2401.

⑱ 张嘉同. 化学哲学［M］. 南昌：江西教育出版社，1994.

展了这一基本思想，通过实验手段发现了多种元素（实质上是多种单质与化合物），并认为元素不可再分。随着技术的进步，原本认为不可分的单质与化合物又被继续分解为更小的单元，促使化学家思考元素对应的物质单元是什么，并提出原子的概念。

原子作为组成物质的基本单元之一，在化学科学的发展中也经历了从不可分到可分的过程。之前被认为不可分的原子实际是可分的，那么随着科学技术的发展，之后认为构成原子的基本单元一定也是可分的，物质的组成是不可穷尽的，所谓不可分和可分的物质组成，只是人们认识的暂时界限。根据自然科学的分类与化学学科特点，现代化学对于物质组成的研究主要是在原子、分子水平开展，原子是化学研究的基石，构成了纷繁复杂的物质世界，但这种基石不能认为是建造大厦的砖，而应该是构成大厦的楼层，楼层的内部还有房，这种基石是有内部结构的。

（2）物质的结构

化学研究的重点之一是组成，组成的单元之间构成结构，结构是组成单元之间的关系，关系是事物、现象之间及其内部诸要素之间的相互作用。[18]例如，H_2O分子是由H原子与O原子按照2∶1的数量关系，以共价键的方式组成的角形分子，从这句话中能清晰地看到分子是由原子这一组成单元按照一定的结构（关系）形成的更大层次的组成。从化学哲学上看，结构关系可以分为位置关系和结合关系。[18]

位置关系主要指空间关系，如水分子中的H、O原子是间隔排列形成角形的，这种排列的位置关系导致水分子具有特定的结构，从而影响分子的极性等性质，并在更大维度上影响水这种宏观物质的性质。再如有机化学中同分异构现象也是描述物质的组成相同但组成的位置关系不同。化学中的位置关系显然与组成单元间的相互结合有关，即结合关系。

结合关系可以从数量与质量两方面说明，如水分子中两种原子的个数比为2∶1，为了解释这一数量关系，化学家先后提出了化合价、化学键等概念和理论。从质量关系看，化学键理论通过键能等概念也较好地说明了原子间结合的相互作用。

但应认识到，微观粒子的结构和关系是复杂的，如电子运动的复杂性，研究中常常采用化繁为简的方式，将动态的、处于运动的微粒处理为相对静止的模型，研究模型之间的结构，再回到复杂结构的真实环境中。

（3）物质的反应

化学哲学认为，人类认识自然界的物质主要从两方面来把握：一是以物质自身不变而只考察其在时空中的运动、状态的变化；二是考察物质自身特性的变化。化

学主要研究的是后者。[19]物质自身特性的变化源于物质组成、结构的变化,导致物质转化为其他物质,这一过程就是化学反应。

研究化学反应的线索主要有两个:从反应的内部原因出发,关注反应前后的微观结构变化与宏观状态的变化;从反应的外因角度出发,关注外部条件对反应过程的影响。化学家基于实验结果建立了物质结构理论、化学热力学与化学动力学等理论,对化学反应开展系统研究。物质结构理论关注反应物与生成物的组成与结构。化学热力学通过研究反应的始态与终态,说明反应的方向与限度。化学动力学在研究反应过程时引入了时间变量,研究温度、浓度、压强等外部条件对化学反应速率的影响。物质结构理论、化学热力学与化学动力学相互补充,共同探讨内外因素对化学反应的影响,为调控化学反应的过程提供理论指导。

2.3.2 化学科学的特点

化学与其他自然科学一样,研究自然界的现象与基本规律,推动了人类对自然界的深入理解和利用。自然科学中的各学科具有许多相似点,也存在差异。化学科学的特点是在与其他自然科学的比较中体现出来的,主要表现在研究的对象(本体论)、认识与研究的方法(认识论与方法论)、研究与应用的价值(价值论)等方面的独特性。

(1) 涉及多个物质结构层次

化学研究的对象具有不同于物理等其他自然科学的特殊性,虽然化学、物理都研究原子等物质组成的单元,但物理是从量子力学、热学、光学、电学等具有高度抽象性方面开展的,而化学更关注组成的物质实体,研究每一个具体的对象,如每一种元素的性质,由元素组成的各种单质、化合物的性质及相互转化等。化学研究的具体对象涉及多个物质结构层次,按尺度由小到大的顺序主要有:组成原子的微粒(原子核、电子等)、原子类微粒(原子、单核离子等)、分子类微粒(分子、多核离子、基团、超分子、生物大分子、合成高分子等)、实物体系(晶体、非晶体、液体、气体等)。

上述各结构层次的对象既是基本结构单元,又是上一层次的组成部分和下一层次的整体,如分子是由原子通过化学键构成的,而两种或两种以上分子又依靠分子间非共价键相互作用形成了复杂有序的超分子,超分子又进一步相互作用形成宏观物体,按这样的思维方式,就能在多个物质结构层次之间形成关联,从宏观与

---

⑲ 中国自然辩证法研究会化学化工专业组、《化学哲学基础》编委会. 化学哲学基础[M]. 北京:科学出版社,1986.

微观相结合的视角对物质的组成、结构、变化形成总体认识。

(2) 重视通过实验进行假说论证和归纳演绎

化学要从物质自身特性的变化中认识组成、结构和反应,而化学研究的对象是由百余种元素组成的纷繁复杂的具体物质,化学实验具有与其他自然科学实验不同的特点——个别性,就是尽可能对各种元素形成的各种物质都进行实验研究,从实验中认识每种元素的提取方法、每种物质的制备方法和相关的性质。

由于研究对象的个别性,因此在实验中获取的化学知识与经验也具有个别性,但化学不能停留在对个别对象的认识上,而要从个别开始认识相互间的联系,解释它们本质上的共性与差异,从而使认识上升到一类物质的特殊性,并进一步认识各种特殊之间的联系,将特殊上升到普遍。这种从个别到特殊,从特殊到普遍的认识方法是典型的经验归纳法。例如,化学家通过实验陆续发现并认识了一些元素,通过对它们性质的比较,将相似的元素归为一个元素组或族,这就是对元素的认识从一般上升到特殊的过程。在此基础上,门捷列夫将元素组按照规律排列成元素周期表,进一步揭示了元素性质的周期性变化规律,这意味着对元素的认识从特殊上升到了普遍。

应用经验归纳的方法建立一系列定律和理论,又能从这些定律和理论出发进行推论,形成假说,这种方法就是演绎,与归纳相反,这是由普遍到特殊再到个别的过程。但化学的演绎不仅仅停留在假说的阶段,往往要借助实验对假说进行检验,在归纳与演绎的过程中不断形成假说,验证假说,上升为理论,并进一步在实验中认识理论的局限性,从而修正理论或提出新理论。从化学发展的过程看,经验归纳与理论演绎都发挥了重要的作用,通过实验提供的事实,这两种方法相互联系、相互结合、相互渗透,推动着化学学科的发展。

(3) 形成独特的概念、理论与学科语言

由于化学的研究对象和研究方法具有的特殊性,作为认识的成果,必然以具有特殊性的化学概念、理论加以概括和总结,并用具有特殊性的学科语言进行表达和交流。

化学概念的形成一般有两种途径:一些是由化学家对具体的研究对象冠以特殊的学术名词,并赋予一定的含义而形成;还有一些化学概念源于其他学科领域,在引入化学的过程中,与相关的实验事实结合起来,也具有了化学的特点。化学概念的内涵是对化学理论的高度凝练,化学理论是化学概念的具体展开,由于化学概念与化学理论的高度关联性,化学理论的发展必然伴随着化学概念的内涵的改变。

例如，轨道(orbit)一词，原指行星、火车等宏观物体在空间中规律运动时的路径，玻尔将轨道一词引入原子结构的研究中，代指电子绕原子核运动的路径，并从能量的角度拓展了轨道的含义；量子力学基于事实，用这一概念表示电子在空间出现的概率分布，将orbit更改为orbital，但中文名称仍为轨道，在使用时应说明概念对应的理论及具体含义。

化学学科语言是思维和交流的工具，化学符号是化学语言的一种重要形式，具有较强的特殊性。化学符号主要以化学元素符号为基础进行构建，元素符号是从元素的拉丁名称转化而来，在形式和含义上是国际统一和通用的。元素符号是对具体化学元素的抽象表达，或者说它的形式是抽象的，但指代的对象是具体的。将基本的元素符号依据相互作用时的数的关系、质的关系、空间位置关系等规则组合，可以形成各种相对复杂的化学符号，如分子式、结构式、化学方程式等，并借助这些复杂的符号进行思考、推理和表达，揭示物质的组成、结构及反应。

(4) 具有广泛的研究与应用价值

化学作为自然科学的基础学科之一，与哲学之间的关系是密切的。哲学是关于自然科学和社会科学的概括和总结，哲学为自然科学提供理论基础和方法论的指导，自然科学反过来为哲学提供实证依据，一些哲学理论和观点需要通过自然科学的实验和观察来验证和支持。化学是人类认识物质、变革物质、创造物质的重要科学领域，对于人类深入认识物质世界的本体、探讨自然规律和认识规律的普遍性与特殊性等方面具有重要价值。

在近代自然科学中，天文学、地质学、生物学的研究对象往往是宏观可见的物体，基本不涉及物质的具体组成与结构，这方面的任务就落到了化学家与物理学家的肩上。[19]化学作为基础学科之一，推动了其他自然学科的发展，并在与其他学科建立联系的过程中，从学科分化走向学科相互渗透与融合，形成了多种交叉学科，共同推动人类对自然世界的认识、理解和保护，具有广泛的理论研究价值。

化学理论以化学实践为基础，又反过来指导化学实践的开展。化学实践的形式主要是化学实验与化学工业，特别是化学工业的发展，不仅促进了社会经济的发展，更直接带动了原材料和产品的生产，涉及农业、能源、工业、医药、环保、科技等多个方面，直接影响人类的生活和生产活动，化学科学与化学工业具有广泛的应用价值。此外，工业、农业等在发展过程中造成了环境污染、资源浪费等负面影响，也需要通过化学科学、技术、理念的创新来解决。

2.3.3 对原创题命题的启示

通过对化学科学的研究对象及特点的分析，从化学研究的本体、认识、方法、价值等方面进一步明晰了化学学科的育人价值。化学原创题的命制应结合化学科学的特点，引导学生在完成习题、订正习题及反思的过程中形成并提升化学学科核心素养，体现了化学课程在帮助学生形成未来发展需要的正确价值观、必备品格和关键能力中所发挥的重要作用。

(1) 通过分与合的视角加深学生对化学研究对象的整体认识

化学研究物质的组成、结构、性质与变化规律，物质的种类很多，故而研究要在认识个别对象的基础上，提升到特殊和普遍。化学的分类研究反映了研究对象和学科体系的内部结构，近代化学的分类有无机化学、有机化学、分析化学、物理化学四大类；随着对微观领域的深入研究和学科发展的细分，诞生了结构化学、高分子化学、催化化学等；又因各学科领域的交叉渗透，增加了生物化学、量子化学、地球化学等。学科的分化一方面促进了化学向深度与广度不断拓展，但也导致知识结构越来越专门化，出现了学科内部隔行如隔山的情况。从主观上看，作为一个人精通一、两门学科已属不易，要通晓各门学科几乎是不可能的，但客观上化学乃至整个自然科学的发展从分化开始出现了相互渗透、相互交叉的融合化的趋势，把握分与合的矛盾对于正确认识科学并推动科学进步十分重要。

在高中阶段，化学学科呈现从合到分的趋势。必修课程的学习保证学生对化学形成基本、整体认识，在选择性必修和选修课程中，为不同发展方向的学生提供模块化学习。习题的编制可按从合到分的方式，依照元素化学、化学实验、化学反应原理、物质结构与性质、有机化学等分类编制，巩固、评估、发展学生在化学某一领域知识的深度和思维的运用。习题的编制也可按照从分到合的方式，帮助学生从整体上认识化学，运用学科内甚至学科间的多种知识和方法，解决生活和生产中存在的复杂综合问题。

在本书实践篇的习题编制中，主要按照化学反应原理、物质结构与性质、有机化学基础、化学实验四大板块进行分类，但编制时也尝试运用融合的思想，以综合大题的形式，强调从事实入手，让学生在解决情境化的任务时潜移默化地运用各模块中的知识、方法、思维，在迁移的过程中深刻理解学科观念，形成学科核心素养。

以“【创编试题3】青铜器”为例，本题选择青铜器这一化学、历史相互联系的跨学科情境，以认识青铜器、了解青铜器的成分、青铜器的锈蚀和保护的逻辑线索将问题串联起来形成综合性任务，涉及仪器分析、合金的性质、半反应的书写、晶胞结

构分析、晶体熔点的变化规律、杂化轨道理论的运用等内容，要求学生在陌生复杂的综合情境中提取信息、解决问题，同时渗透青铜冶炼的历史、青铜的锈蚀和保护等学科育人的内容，培养学生的科学态度与社会责任感。

(2) 通过归纳与演绎、假说与论证促进学生形成化学思维

化学被确立为一门科学，与实验方法的引入密切相关。波义耳认为化学的目的不是沉醉于炼金学与医学，而是在于认识物质的本性，追求真理，为此就需要进行专门的实验，对收集所观察到的事实进行分析。在化学实验中得到事实，提取出证据，通过归纳总结得出规律，从而建立理论，这样的方法是经验归纳法，是化学科学的主要研究方法之一。反过来看，理论演绎也是化学常用的方法，根据已有的理论可以演绎出进一步的假说，再通过实验对假说进行证实或证伪，从而将演绎出的假说上升至新的理论，表现出理论的解释和预测功能。

归纳与演绎、假说与论证作为化学科学的常用方法，对于学生思维品质的提升具有重要的作用。在化学原创题的编制中，可以从实验入手，引导学生在正确理解实验目的的基础上，通过演绎思维设计实验方案，通过归纳思维分析实验事实并得出结论，运用归纳和演绎相结合的方法，从实验中获知现象，对现象提出假说，并进一步在实验中进行推理论证，上升到理论进行认识，有利于学生认识化学现象的规律，形成理性的化学思维。

以“【创编试题17】硫酸铜晶体结晶水含量测定”为例，本题的主题源于上海科技出版社的教材的项目学习活动“如何测定硫酸铜晶体中结晶水的含量”，但习题的编制不局限于教材的实验方法，通过资料的形式分别介绍热重分析法、分光光度法、碘量滴定法、沉淀滴定法、电导率法，拓展了硫酸铜晶体中结晶水测定的实验方法种类，在开阔学生的学科视野的同时，加深了对化学分析方法的认识。从思维方法上看，不同实验方法的目的是相同的，可以运用演绎的思维，对各种实验方案进行推理认知，而各种方案的原理、操作、数据等是不同的，需要学生运用演绎与归纳相结合的方式，将实验目的、实验操作、实验数据等要素关联起来分析，综合认识每一种方案的原理，解决化学实验这一真实情境中的相关问题，促进证据推理与模型认知、科学探究与创新意识等素养的形成与进阶。

(3) 通过情境创设引导学生感知化学研究的价值

化学作为一门基础自然科学，是材料科学、生命科学、环境科学、能源科学和信息科学等学科的重要基础，与工农业生产、日常生活、医学药物、能源利用、材料开发等方面密切关联。化学研究不仅实现并优化了原材料与产品的生产过程，提高了生产效率，还极大地改善了人们的生活质量，推动了社会的整体进步。从材料研发到药物合成，从能源开发到环境保护，化学无处不在，为社会经济发展与文明建设提供了坚实的科学支撑，具有重要的研究与应用价值。

化学原创题的编制可以结合化学研究、化工生产等实际应用场景，借助网络资源、文献资源、化学实践活动等，从日常生活现象、化学工业生产、自然生态保护、科学技术前沿等方面挖掘素材，并与学科知识相匹配，设计相应习题，通过情境创设引导学生在巩固知识、提升思维的同时感知化学研究的价值，提升科学态度与社会责任感。

本书的实践篇中，每道习题的编制都创设了与学科相关情境，主要分为化工生产类、化学实验类、生活与环保类、创新研究类。化工生产类情境涉及生产工艺流程、产品质量控制、化工安全与环保等，有助于学生将所学的化学理论与实际应用相结合，理解化学在工业生产中的关键作用，激发他们深入探索的动力；化学实验类情境涉及物质的制备、物质的检测、原理的探究、规律的应用等，有助于学生深化知识和技能的理解，并在问题解决的过程中增强实践能力，培养科学思维；生活与环保类情境涉及化学与健康、化学与食品、化学与环保等，有助于学生认识化学与生活的联系，提升环境保护意识和社会责任感；创新研究类情境涉及新材料的开发、新能源的利用、新药物的合成等，有助于学生认识化学在推动科技进步、产业升级和经济发展等方面的重要意义。

3 原创题的编制过程

3.1 原创题的内涵解读

在中小学教育领域，习题是学生在学习完一定内容后为巩固学科基础知识、提升学科思维能力、发展学科核心素养所需要完成的最主要的作业形式，具有巩固、诊断和评价的功能。根据习题使用的时空场域可将其分为教师课堂教学或学生自学时使用的例题、学生课后巩固所完成的练习题、考试所用的试题。例题的作用在于示范与引导，旨在引导学生建构运用特定知识解决实际问题的认知模型、形成合理流畅的解题思路、培养具体的解题方法以及形成合理的解题规范，为学生解决类似问题提供间接经验。课后练习题的主要作用在于巩固与提升，旨在通过一定数量的练习达到巩固课堂所学内容，包括学科知识、学科技能和学科方法，形成解决某些特定问题的思路，促进学生认知发展，提升学生运用学科知识解决问题的能力，整体上具有单一性、聚焦性的特征。试题的主要作用在于诊断和评价，旨在通过考试诊断或评价一定学习时空范围内学生对特定学科知识掌握和运用的情况，具有阶段性、综合性和评价性等显著特征。本书中的原创题既可以当作例题使用，又可以当作学生学完高中化学全部内容后综合练习题用，还可以作为考试的试题使用。

习题和原创题具有紧密的联系。这种联系表现在习题的来源可以是旧题、改编题和原创题，故原创题是习题的重要组成形式之一，也是习题中最具生命力和创造性的部分，更能体现教师的命题素养。

那如何认识原创题呢？要厘清原创题的内涵，首先需对“原创”一词进行审视。从文化艺术视角定义原创，是指作者自己能够创作出或发明出全新的作品，并不是简单的复制、模仿等行为。[①]从文学视角看，原创是对复制模仿的排斥。引申到原创题，则是出题人自己创作出的全新题目；是命题者自主设计的、将特定的背景或

① 刘金萍．东丰农民画中的东北民俗文化情节［J］．吉林建筑大学学报，2016，33（5）：69-72.

教学情境与特定学科知识相结合、用于教学或考试中的题目。[②]白燕在数学原创题型的研究中对原创题的界定标准作出如下定义:原创题首先要创新,其次是要有教学价值。一般而言,这种类型的问题由特定的背景或是实际情境或学科情境命制。[③]其次须对“原创性”一词进行辨识。“原创性”的概念由“原创”延伸出来。意思为含有“原创性质”。依据《现代汉语词典(第7版)》的解释:“原创”是“最早创造”,即“首创”。[④]原创性作品是指“首先创作而不是复制或模仿性质”的作品。从这个意义上而言,原创性作品均有两个方面的意义:第一是在时间维度上,表现为最早出现;第二是性质方面,表现为创新性。[⑤]作品只要是经过作者独立构思后创作出来的,与已有作品有着内容或形式上的不同,即可被视为具有原创性。结合文献研究和前文阐述,本书将高中化学特定主题下的原创题定义为:在某个确定的化学主题下,依据新课标,以考查高中学生化学学业质量水平为主要目的,将所遴选的化学素材与高中化学必备知识进行融合,设计形成的具有主题性、情境性、综合性和创新性的习题。

本书中每道原创题具有典型的“大主题、大情境、大综合”的特征。“大主题”是指每道原创题的每个小题均围绕特定的化学主题展开,使得大主题能够统摄整个原创题的命制全程;“大情境”是指原创题中的每个小题的设问均围绕大的命题情境按照需要有序展开;“大综合”是指完成原创题所需的必备知识、关键能力和化学思维具有较高程度的化学学科综合性特征。

本书原创题的主要创新特征表现有四点:第一,“主题”新,表现为从呈现形式层面看,每一道原创题均凝练出极为简明的主题,以实现主题统摄的目的;第二,“素材”新,表现为特定主题下的原创题素材来源于发表的化学类科技文献或大学经典化学教材,以确保素材来源的真实性、科学性和可信性,从而服务于题目的编制;第三,命题“情境”“新”,表现为依托真实素材、创编命题情境,使得原创题的命题情境区别于从现行高中化学教材或市售教辅书上所获得的相同或相似的情境,给人视觉上和心理上的新鲜感;第四,“问题”设计“新”,表现为每道原创题的设问和解答主要依托信息加工理论和深度学习理论的指导,以体现出设问的层次性和

② “中学化学原创题”征稿启示[J]. 化学教学,2006,33(5):69-72.

③ 白燕. 高中数学应用题的原创题型教学研究[D]. 上海:华东师范大学,2007.

④ 中国社会科学院语言研究所词典编辑室. 现代汉语词典[M]. 7版. 北京:商务印书馆,2016.

⑤ 杨耘. 原创图书与出版繁荣[J]. 吉首大学学报(社会科学版),2009,30(3):129-132.

进阶性。鉴于本书中所有的化学题目均为原创题,因此每道原创题目的创新特征如图3-1所示。

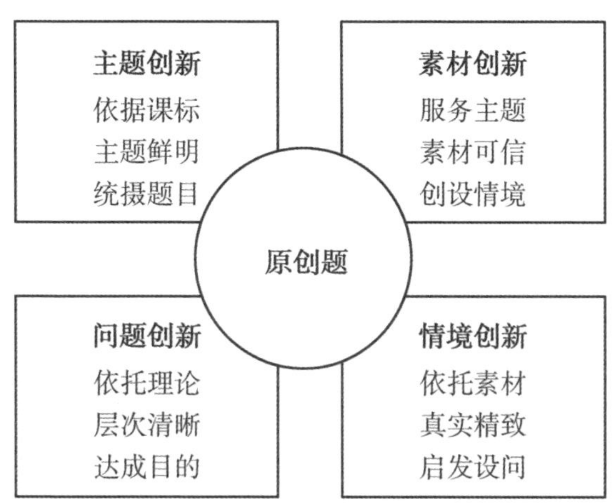

图 3-1 高中化学原创题创新特征

以【创编试题7】来说明相关创新要点(表3-1)。

表 3-1 【创编试题7】创新要点

主题	二氧化碳缓冲溶液——$NaHCO_3$溶液
素材	[1] 郝润蓉,方锡义,钮少冲. 无机化学丛书(典藏版)(第3卷). 北京:科学出版社. [2] 朱壮丽,邳宏伟,姜序敏,等. 二氧化碳缓冲溶液缓冲原理的数字化解析实验[J]. 化学教育,2020,41(15):64-66. [3] 兰婷,冀楠,王海波,等. 医用基础化学缓冲溶液及其作用机制的教学设计与思考[J]. 化学教育,2020,41(10):67-70.
情境	情境1—医学情境:碳酸氢钠溶液在化学与医学研究中常以二氧化碳缓冲溶液的形式出现,研究碳酸氢钠及其水溶液具有重要价值。 情境2—工业生产情境:我国工业生产碳酸氢钠的方法包括“氨碱法”与“侯氏制碱法”。后者的主要原理是一定温度条件下将二氧化碳通入氨气饱和的食盐水中,经反应析出碳酸氢钠晶体并生成一种常见氮肥。 情境3—实验探索情境:将0.010 0 $mol\cdot L^{-1}$的$NaHCO_3$溶液置于如图1所示的三颈圆底烧瓶中,经过CO_2传感器、pH传感器采集数据,得到图2(a)和图2(b)…… 情境4—医学情境:正常人体血液存在碳酸-碳酸氢钠缓冲体系,人体血液pH通常稳定在7.35~7.45,若pH<7.35表现为酸中毒;pH>7.45则表现为碱中毒,人体血液维持稳定的作用机制如图4所示……

（续表）

问题	小题1:工业制备纯碱的化学方程式是_______________。(符号表征层面) 小题2:关于$NaHCO_3$的下列说法中不正确的是_______________。(物质结构层面) 小题3:$NaHCO_3$溶液的pH>7的原因是_______________。(物质性质层面) 小题4:$NaHCO_3$溶液中鼓入CO_2后变化的特点是_______________。(实践探索层面) ……

3.2 原创题的类型探索

化学学科中的习题,依据不同的划分标准可进行不同的分类。从题目呈现的形式,化学题可分为客观题、主观题。其中,客观题主要表现为选择题,包括单项选择题、多项选择题、不定项选择题;主观题主要包括简答题、文字论述题、化学计算题、综合分析题。从题目涉及的化学主体内容可分为元素及其化合物题、化学反应原理题、物质结构题、有机化学题、化学实验题。从教师教学使用的功能角度可将题目分为例题、习题和试题。从题目涉及主体内容的难易程度可分为简单题、中档题和难题。从题目的新颖性程度可分为原题(旧题)、改编题和原创题。从考查学科认知思维的角度可将题目划分为单一结构水平、多元结构水平、关联结构水平、扩展抽象结构水平等。从思维开放性角度还可将题目分为封闭性题和开放性题。还有其他不同角度的划分,不再一一列举,感兴趣的读者可以查阅相关文献,以便于深入研究。本书中的原创题既继承了传统题目命制过程中典型的题型方式,又采用了多种题目类型按照命题逻辑混合编制的创新设计,使得原创题更具有综合性和创新性。【创编试题7】中各小题的题目类型统计如表3-2所示。

表3-2 【创编试题7】各小题题目类型统计

分类角度	题目类型(题号)
呈现形式	客观题:第2小题(单选) 主观题:第1、3、4、5、6、7小题
考查内容	元素及其化合物:第1、2小题 化学反应原理:第3、6、7小题 化学实验探究:第4、5小题
思维认知	单一结构水平:第1、4、5小题 多元结构水平:第2、3、6小题 关联结构水平:第7小题

（续表）

分类角度	题目类型(题号)
问题开放性	封闭性题目:第1、2、3、4、5、6小题 开放性题目:第7小题

目前,“新课程”“新教材”(下文简称“双新”)教育理念在基础教育尤其是高中学段普遍实施,素养导向的高考评价理念深深影响广大师生,素养导向的化学题目命制成为日常教育教学内在要求。因此,本书所有的原创题紧密秉承这一时代理念,在特定化学主题的统摄下,遴选真实新颖的化学素材对其深入加工,形成简洁明晰的命题情境,通过系统设计问题形成富有内在逻辑的小题、采用多种题目设问形式和多种呈现方式,实施对相关化学主题下必备知识、关键能力和学科素养的巩固、诊断和评价,既利于学生自学自测,又利于启发广大一线化学教师命制原创题。

怎样命制原创题呢？我们认为需要首先厘清原创题的目标定位,下文将系统阐述本书中原创题的目标定位,以促进、启发和引导读者的理解。

3.3 原创题的目标定位

自“双新”推进以来,中国高考评价体系也随之进行了调整。高考命题的理念从“知识立意、能力立意”发展为“价值引领、素养导向、能力为重、知识为基”。这一理念得到广大中小学教师的普遍认同。这种以价值引领的、系统的、科学的、创新的评价体系,有助于在高考的各项工作中落实立德树人的根本任务。习题,尤其是原创题的命制更需要遵循这一理念,才能使原创题的编制得到普遍的认可。

要让广大读者理解原创题的价值和意义,首先要明确原创题的命制目的是什么——即厘清原创题的目标定位。本书中所呈现的所有化学原创题,其目标定位主要聚焦在以下四个方面。

3.3.1 巩固特定主题下的化学必备知识

必备知识是指学习者在面对与学科相关的生活实践或探索问题情境时、高质量地认识问题、分析问题、解决问题所必须的知识。[6]它是由人文社会科学和自然科学各学科的基本事实、基本概念、基本技术和基本原理组成的基本知识体系。这一知识体系由陈述性知识和程序性知识构成,是应对情境所必须具备的各种复杂的产生式系统,它与关键能力一样,是学科素养的基石。化学属于自然科学,且被

⑥ 教育部考试中心. 中国高考评价体系[M].北京:人民教育出版社,2019.

普遍认为是自然科学的三大基石之一。理解并掌握基本的化学知识、化学技术、化学思维、化学实验方法、化学符号表征是学好化学、做好化学题、解决真实化学问题的必然要求，形成系统的、完整的化学知识框架以及掌握化学基本事实、基本概念、基本原理、基本技术和实验方法更是“双新”背景下高考化学选拔人才的必然趋势。主题式化学原创题的命制符合这一时代需求，具有强劲的生命力和影响力。本书中所涉及的所有原创题，无一例外都是在特定主题的统摄下，尽可能多地围绕特定主题，依据新课标，根据物质研究的不同维度，创造性地从物质的制备、物质的结构、物质的性质、物质的反应规律、物质的用途五大维度出发，构建出高中化学原创题内容设计模型，如图3-2所示。

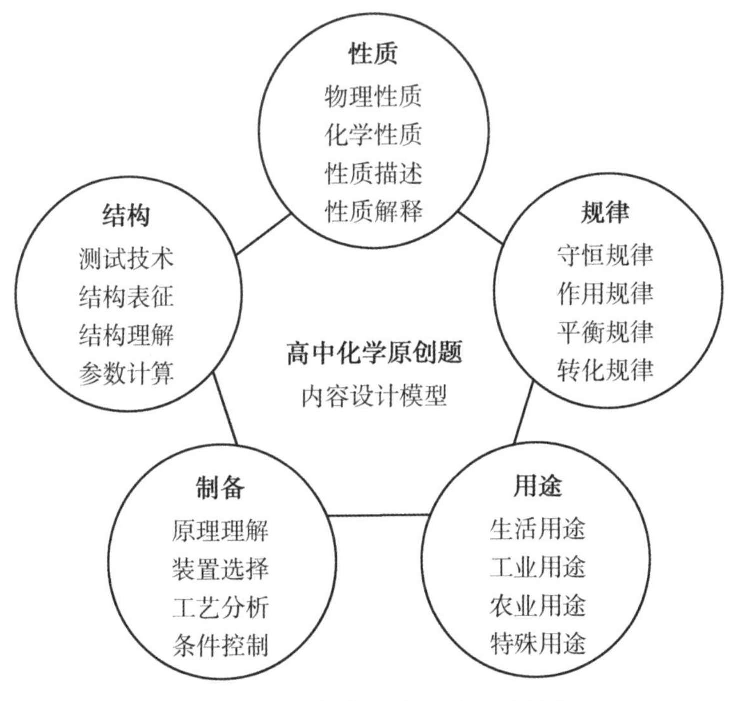

图 3-2　高中化学原创题内容设计模型

制备维度主要考查特定物质的制备原理、制备装置、制备工艺、现实条件、绿色化学理念、经济效益等。结构维度主要考查获得物质结构的技术手段，如谱学技术；表征物质结构的方式，如晶胞结构、晶体结构；理解物质的结构信息，如晶胞的微粒组成；计算结构的相关参数，如晶胞密度、空隙率等。性质维度主要考查特定物质的物理性质，如熔点、沸点、极性、黏度、密度等；化学性质，如氧化还原等；能运用性质解决真实问题。反应规律维度主要考查化学规律的运用，如化学速率理论、化学平衡移动原理、守恒原理等；揭示数据、图像背后隐藏的规律，并用贴切简明的化学语言加以描述、解释；运用化学规律解决真实化学问题；探索规律改变的条件等。用途维度主要考查特定物质在实际生活、工业生产、农业生产、科学研究领域的用途和价值。经过系统挖掘、精设问题，本书所创编题目考查化学基本概念、化学基本原理、化学基本方法、化学基础实验技术和化学基础实验方法，供读者巩固、诊断、评价自身对于特定化学主题下相关的必备知识掌握的程度。通过对本书的学习，读者的化学知识结构能得到较大程度的巩固、丰富和完善，促进对特定类型问题认知模型的建构，从本质上提高真实情境下解决化学问题的能力，化学学科素养也能得到较大发展。依据图3-2所示的原创题内容设计模型，【创编试题7】考查的必备知识如表3-3所示。

表 3-3　【创编试题7】必备知识统计

维度	必备知识	题号
物质的制备	$NaHCO_3$的制备	第1小题
物质的结构	$NaHCO_3$的结构分析	第2小题
物质的性质	$NaHCO_3$溶液的酸碱性、定量关系、CO_2缓冲性质	第3、4、5小题
物质的用途	泡沫灭火器原理、人体血液中的碳酸-碳酸氢钠缓冲体系	第6、7小题

3.3.2　提升解决特定化学问题的关键能力

关键能力是指学习者在面对与学科相关的生活实践或探索问题情境时，高质量地认识问题、分析问题、解决问题所必须的能力。[⑥]它是学习者适应时代要求并支撑其终身发展的能力，是培育核心价值、发展学科素养所必须具备的能力基础，更是高水平人才素质的重要组成部分。高考对日常教学具有极强的指导作用，高考评价体系也极大程度地影响日常教育教学的评价。目前，高考评价体系确立了符合考试评价规律的三个方面的关键能力群。

关键能力的第一方面是以认识世界为核心的知识获取能力群。主要表现为学习者在面对学科相关的生活实践或学习探索问题情境时，客观描述世界、科学解释世界的构成中表现出来的稳定的个性化心理特征，是个体认识世界、学会学习所必须具备的关键能力。主要包括：语言解码能力、符号理解与表征能力、阅读理解与运用能力、信息加工与运用能力等。对学习化学的学生而言，经过长时间的素质教育的培养，知识获取能力强的学习者应当能够阅读和理解化学学科的各种主要文

本、基本符号,能够自动化地依据信息加工理论的基本原理,客观、全面抽取有效的化学信息并加工以解决形形色色的真实的化学事实性问题。本书中的每一道原创题都或多或少提供了相关信息,其用意之一在于提高学习者的知识获取能力。

关键能力的第二方面是以改造世界为核心的实践操作能力群。主要表现为学习者在面对学科相关的生活实践或学习探索问题情境时,进行学以致用的学科认知操作和行动操作的过程中表现出来的稳定的个性化心理特征,是理论联系实际所必须具备的能力基础。主要包括:实验设计能力、实验数据处理能力、动手操作能力、应用写作能力、语言表达能力等。具体到化学学科,化学实践操作能力强的学习者应当根据化学实验目的和要求,设计出合理的化学实验方案,进行正确的化学实验操作,科学收集、处理并解释化学实验数据;能够根据行为目标和面临的客观条件,设计或选择解决问题的最佳化学实验方案;能够基于事实和逻辑对化学问题解决方案的合理性、可行性作出评价;能够根据方案的实践结果不断修正和改进方案。本书的化学原创题中的第三大模块就是聚焦化学实验,非常契合化学学科对于实践操作能力的培养和提升,这也是本书的一大亮点。

关键能力的第三个方面是以认识和改造世界过程中所发展的思维认知能力群。主要表现为学习者在面对学科相关的生活实践或学习探索问题情境时,进行认知加工过程中所表现出来的稳定的个性化心理特征,是学习者在秉承科学态度、运用严谨的理性思维和丰富的感性思维,发现新问题、运用新方法、解决新问题、获得新结论的过程中表现出来的思维能力,是激发学习者个体好奇心、想象力、塑造创新人格所必须具备的能力基础。主要包括:形象思维能力、抽象思维能力、归纳概括能力、演绎推理能力、批判性思考能力、辩证思维能力等。具体到化学学科,思维能力强的学习者应当独立思考,通过自己的逻辑思辨,发表独立的、有创造性的看法;能够从不同视角观察、思考、品鉴同一个化学议题;能够灵活地、创造性地运用不同方法、发散地、逆向地解决化学问题;能够通过敏锐的洞察能力,发现复杂、陌生情境下化学关键事实特征和有价值的化学新问题;能够将过往所学的化学知识迁移运用到新的情境中解决化学新问题,得出新结论,并且科学地反思和验证自己的新结论,以确保结论的可靠性和可检验性。本书中每一道化学原创题中均有一个或者数个陌生的高价值的信息,通过对原创题的学习和练习,能够很好地促进学习者对文本、图像、表格数据的阅读、理解、分析和应用,促进信息加工能力的提升,并对特定化学评议性问题发表合理的见解,从而较为全面地促进化学学科思维认知能力的发展。

以【创编试题7】为例来说明如何通过原创题考查学生的关键能力(表3-4)。

表 3-4 【创编试题7】关键能力统计

一级指标	二级指标	题号
知识获取	符号理解与表征	第1、6小题
	阅读理解与运用	第2、3小题
	信息加工与运用	第4、5、7小题
实践操作	实验设计与评价	第4、5小题
	数据分析与处理	第4、5小题
思维认知	抽象思维	第1、2、3、4、5、6、7小题
	演绎推理	第2、6小题
	批判性思考	第1、6小题
	辩证性思考	第4、5、7小题

3.3.3 发展化学学科核心素养

学科素养是指学习者在面对与学科相关的生活实践或探索问题情境时,有效整合学科相关知识,运用学科相关能力,高质量地认识问题、分析问题、解决问题的综合品质。[⑥]学科素养通过基础教育阶段的学科教学培养形成,既是基础教育培养的目标,也是高校人才选拔的要求。学科素养包括“学习掌握、实践探索、思维方法”3个一级指标和“信息获取、理解掌握、知识整合、研究探索、操作运用、语言表达、科学思维、人文思维、创新思维”9个二级指标。每个指标的具体内涵可参见教育部考试中心制定的《中国高考评价体系》一书。根据对学科素养的理解,我们不难推演出化学学科素养的含义。我们认为化学学科素养应是指学习者在面对与化学学科相关的生活实践或化学类探索问题情境时,有效整合化学学科相关知识,运用化学学科相关能力,高质量地认识化学问题、分析化学问题、解决化学问题的综合品质。化学学科素养的评价指标亦可参照学科素养的评价指标。此外,应当厘清化学学科素养与新课标提出的高中化学学科核心素养两个概念的内涵。新课标中的化学学科核心素养是化学学科育人价值的集中体现,是学生通过化学学科学习而逐步形成的正确价值观、必备品格和关键能力。高中化学学科核心素养包括“宏观辨识与微观探析”“变化观念与平衡思想”“证据推理与模型认知”“科学探究与创新意识”“科学态度与社会责任”5个方面。其中,“宏观辨识与微观探析”“变化观念与平衡思想”“证据推理与模型认知”属于学科思维层面;“科学探究与创新意识”属于实践操作层面;“科学态度与社会责任”属于价值追求层面。化学学科素养与化学学科核心素养既有联系又有区别，化学学科核心素养是化学学科素养中最重要、最关键的成分。本书编制原创题的宗旨之一便是发展学生的化学学科核心素养。原创题中每个具体主题下的每个小题设计无一例外都是从凸显化学学科核心素养不同维度进行设计的，学习者通过学习，既巩固了相关主题的必备知识，又提升了解决相关化学问题的关键能力，还在完成学习的过程中潜移默化地发展了化学学科核心素养。以【创编试题7】为例来说明如何考查学生的化学学科核心素养（表3-5）。

表 3-5 【创编试题7】化学学科核心素养统计

化学学科核心素养	题号
宏观辨识与微观探析	第1、2、6小题
变化观念与平衡思想	第3、4、5、6、7小题
证据推理与模型认知	第3、4、5小题
科学探究与创新意识	第4、5小题
科学态度与社会责任	第1、6、7小题

3.3.4 彰显化学学科独特的育人价值

中国古典文艺中有“诗以言志、词以传情、文以载道、史以叙事”的说法。笔者认为无论诗词、散文、史书、评论，也无论是社会科学还是自然科学均有载道弘毅的功能和使命，使后人汲取前人经验、权衡利弊，推动人类社会不断向前发展。作为当今自然科学三大基石之一的化学学科必然也隐含了塑造学习者尤其是青年学生世界观、价值观和人生观的功能。因此，教育者应该利用各种可能的时空机会，引导教育学生求真、求善、求美的哲学价值取向，使得其人生更加完善和丰润，最终推进社会文明的不断进步。

教育部考试中心制定的《中国高考评价体系》将应考查的素质教育目标凝练为“核心价值、学科素养、关键能力、必备知识”，并详细阐述了核心价值的内涵。所谓“核心价值”是指学习者应当具备的良好政治素质、道德品质和科学思想方法的综合，是在各学科中起到价值引领作用的思想观念体系，是其面对现实的问题情境时应当表现出的正确的情感态度和价值观的综合。[⑥]核心价值旨在通过学校教育和社会实践等多种途径，将学生培养成拥护中国共产党领导和社会主义制度、立志为中国特色社会主义奋斗终身的建设者和接班人。书中明确列出了核心价值主要包

括“政治立场和思想观念、世界观和方法论、道德品质和综合素质”3个一级指标以及“理想信念、爱国主义情怀、以人民为中心、法治意识、正确的世界观和方法论、品德修养、奋斗精神、责任担当、健康情感、劳动精神”10个二级指标。每个指标在书中均有详细的说明。这种评价理念指导了本书原创题的命制。本书每个主题下的原创题的题干部分大都通过简练的文字或介绍具体化学史料(如【创编试题14】合成氨的工艺)、或介绍具体化学物质(如【创编试题1】抗腐蚀材料Fe_3Si的结构与性质)、或简述具体化学工艺、或介绍具体化学技术(如【创编试题11】CO_2捕集与碳中和、【创编试题13】CO_2还原技术)、或说明具体化学实验方法(如【创编试题12】碳酸钾的生产工艺)、或引入具体化学理论(如【创编试题6】Ben's规则应用、【创编试题8】配位化合物的解离平衡),让学习者感受化学学科对于丰富人类社会物质文明所起到的正面促进作用(求真、求善的具体体现),也让学习者体会到学习化学学科的价值和意义(求美的具体体现)。部分设问也是基于精心遴选的中国古典科技文献中的化学素材而设计的,在于彰显我国古代人民的实践智慧和弘扬中华优秀传统文化,无形中引导学习者增强中国特色社会主义共同理想、增强中国特色社会主义道路自信、理论自信、制度自信、文化自信,体现化学课程思政理念,这也是本书原创题命制所期望的宗旨之一。学习者在使用本书过程中应细细体会,以获得超越化学必备知识和关键能力维度的价值体验。

3.4 原创题的编制原则

原创题的编制过程中需要遵循相应的命题原则,以提高命制质量,其中最有价值的是科学性原则、时代性原则、情境性原则、开放性原则和创新性原则。

3.4.1 科学性原则

科学性是指概念、原理、定义和论证等内容的叙述是否清楚、确切,历史事实、任务以及图表、数据、公式、符号、单位、专业术语和参考文献写得是否准确,或者前后是否一致等。科学性原则原本是指决策活动必须在决策科学理论的指导下,遵循科学决策的程序,运用科学思维方法来进行决策的决策行为准则。本书中的科学性原则包含两层含义:一方面是指命制原创题并形成作品集所遵循的一套决策行为准则的科学性——本书的形成过程可凝练为六步“提出目标-制定方案-实践探索-淬炼经验-集结成果-推广运用”;另一方面是指化学原创题的各部分内容在必备知识、学习方法、问题设计、呈现形式层面上体现出的科学性。

3.4.2 时代性原则

题目尤其是原创题的编制工作也必然受到时代和教育大背景的规约、促进和引领。鉴于目前中学阶段的教育正处于"双新"的宏大时代背景之下,则与之对应的题目编制工作必须契合时代教育背景的需求。"双新"背景下的作业设计呼唤和要求面向真实情境下的问题解决,化学题目的创编需要整合化学学科必备知识、提升化学关键能力、发展化学学科核心素养。因此,习题作为极为重要的作业形式之一,化学习题的设计与命制也必须契合时代教育大背景下的现实诉求。在这样的现实背景下,本书中的每一道大题的情境或来源于近期发表的科技文献、经典的大学化学教材、经典典籍,抑或来源于化学实验,每一道原创题题干导言部分的阅读就让人感到视觉层面的享受、意义层面的愉悦和正确价值观层面的渗透。这种创编题目的理念和行动是高度契合"双新"教育的时代理念,是值得肯定、赞赏、借鉴和推广的。

3.4.3 情境性原则

情境在不同的应用场域中具有不同的语义解读。本书中所言的情境均为高考评价体系中的"情境"即"问题情境",指的是真实的问题背景,是以问题或任务为中心构成的活动场域。[⑥]基于知识应用和产生方式的不同,情境可以分为两大类。第一类是"生活实践情境"。这类情境与日常生活及生产实践密切相关,重在考查学生运用所学知识解释生活中的现象、解决生产实践中的问题的能力。例如,本书中【创编试题7】二氧化碳缓冲溶液、【创编试题10】联氨等就属于此类情境。第二类是"学术探索情境",此类情境源于真实的研究过程或实际的探索过程,涵盖学习探索与科学探究过程中所涉及的各种问题。学生在解决这类情境中的问题时,必须启动已有知识开展智力活动,同时在解决问题的过程中运用创新的思维方式。例如,本书中【创编试题8】配位化合物的解离平衡、【创编试题9】沉淀溶解平衡等均属于这类情境。"情境活动"是指人在情境中所进行的解决问题或完成任务的活动。[⑥]情境活动包括两类:单一的情境活动,即面对问题时只需要调动某一知识点或某种能力便可解决问题;复杂的情境活动,即面对问题时需要综合运用知识和能力解决复杂问题。依据目前高考的考查方式,高考内容的问题情境是通过文字与符号描述的方式即纸笔形式进行建构的,因此情境活动也是通过文字和符号的形式进行的。依据对情境和情境活动的理解、研讨和共识,题目的编制工作需要通过情境和情境活动两类载体来实现。即命题者通过遴选适宜的素材,再现学科理论产生的场景或呈现现实中的问题情境,让学生在真实的背景下发挥核心价值的引

领作用，运用必备知识和关键能力去解决实际问题，全面发展学科素养水平。因此，本书的原创题目中每一主题下的各个题目都是面向真实情境，需要学生调动化学学科相关主题下的必备知识，来解决真实情境下的若干真实问题，在完成题目的过程中提升解决真实问题的能力，逐步渗透和发展化学学科核心素养。

3.4.4 开放性原则

开放性原则原本是哲学人类学的基本思想原则和主要观点。哲学人类学反对传统哲学把“人”定义为生物的、理性的、意志的、劳动的或欲望的人，即不同意“人有某种僵死的规定性和规定的本质”，也反对把人理解为“实现某种目的(如实现绝对精神的运动)，或最终理解‘在’的手段”。认为人作为一个自我创造和不断形成的生物，不具备任何特定的与稳固的先在本质，人通过不断的自我活动和自我解释塑造自己。作为哲学人类学研究出发点的人的“未特定化”“失常态”“活动性”“创造性”等现象，都只是揭示人的内在的开放性的实质的，内在的开放性决定人与一切外在事物关系的特征是人向世界的开放性。这种人向世界的开放性表明人按照本性来说，本质上能够无限地扩张到他人的作用范围。开放性原则是指具有开放性质的措施和形式，是相对于封闭性来说的，我们称一种理论、一部作品具有开放性，意思是说，这种理论和作品是允许介入的，其留给读者和研究者相当多的空间去思考、去拓展，以达到对理论和作品更深入地阐释和理解，并且在给定的条件下成为一种信息源，通过读者和研究者不断的介入，向外辐射出信息。依据这种理念，本书中所遵循的开放性原则兼具操作层面和思维层面的开放性，主要包含三层含义：其一是命题者命题过程的开放性，表现在主题确定、素材遴选、问题设计、题目呈现等环节表现出的开放性——充分体现了命题教师的志趣、特长和专业思维能力；其二是使用本书过程中对题目本身的辩证思考和问题作答具有一定的开放性——较好体现了不同学段学习者的使用需求、思维层次和思维偏好；其三是本书原创题中的一些问题的设计或答案具有一定的开放性——较好促进学习者发散思维等创新思维的培养和熏陶。

3.4.5 创新性原则

创新是一个由两个字组成的词语，第一个字“创”表示创造，第二个字“新”表示新的事物或新的理念。创新的基本含义是指创造新的事物或新的理念，不拘泥于传统，勇于尝试新的方法和思维方式。其引申义是指在已有的基础上，通过独特的思考和创造力，创造出新的事物或新的理念。创新是推动社会发展进步的重要力量，它不仅仅指科技方面的创新，还包括在各个领域中寻找新的解决方案和创造新的价值。创新这个词语可以用于各个领域,如科技创新、商业创新、教育创新等。它可以用来描述一个人、一个团队或一个组织在解决问题、发展新产品或改进现有产品时所展现出的能力和精神。创新性原则是一种价值原则。就是指所研究的对象或完成的工作具有新颖性、先进性,有所发明、有所发现,其学术水平或技术水平应有所提高,以推动事物或工作向前发展。本书中所有原创题的各个部分(如题干、设问、图表、答案等模块)都全面体现出命题者的知识、能力和素养,具有明显的创新性特点,符合创新性原则。

3.5 原创题的编制路径

古语有云:"合抱之木、生于毫末;九层之台、起于垒土;千里之行、始于足下。"本书前文对原创题内涵解读、目标定位、遵循原则等诸方面作了系统介绍和阐述。各位使用者(学习者)很可能会生发出一种基于自我实践而编制原创题的想法。鉴于本书的目的之一在于为广大教师创编化学原创试题提供范例,因此很有必要再以简明扼要的语言阐述清楚本书中化学原创题的编制路径。根据研究团队的通力合作与最终共识,认为原创题的编制存在一种或多种路径。研究团队从实践出发,最终凝练出了原创题编制的路径,确立了如下路径:"确定主题→遴选素材→创设情境→设计题目→形成题集",每个关键环节的侧重点有所不同。高中化学原创题编制路径表达如图3-3所示。

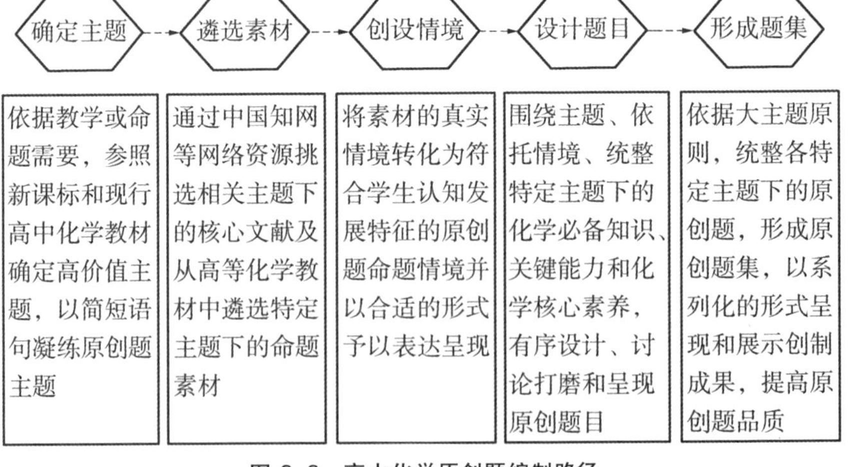

图 3-3 高中化学原创题编制路径

3.6 原创题的编制策略

对于从未编制过原创题的读者而言,即便知悉了原创题的编制路径,开始着手自己编制化学原创题时,心中难免仍然会有诸多疑问。比如:如何去确定原创题的主题?如何去遴选特定主题下的素材?如何整合遴选出来的素材?如何围绕特定主题、选定素材设计化学题目?这些疑问大体来源于对各个环节策略上的理解不足造成,这些疑问的生发既是个人好奇心的驱使又是深入阅读思考后的思维激荡。因此,很有必要从编者的角度来阐述清楚对于这些疑问的深层考量,以文字的形式与读者做深入的思维交流和命题思想的传播。

策略本意是根据形势而确定的原则和方法。原创题的编制策略应理解为编制原创题确定的原则和具体方法。由于原创题的编制过程中最核心最有价值的步骤涉及主题的确定、素材的遴选、情境的创设、问题的设计,因此原创题编制的策略主要围绕以上四个方面展开,下面将分别简要阐述原创题的主题确定策略、素材遴选策略、情境创设策略、问题设计策略。

3.6.1 主题确定策略

原创题的主题是怎么来的?不同的人具有不同的见解。广义而言,任何值得探索、考查、拓展的问题都可以设计成原创题的主题。原创题的主题可以理解为题目的题眼,即通过简短的词语或语句就能快速、准确明确本道题目的考查方向。就本书而言,原创题的一级主题是根据新课标确定的。本书的实践篇将原创题分为四大模块:物质结构与性质、化学反应原理、化学实验、有机化学基础。每个一级主题下含有数量不同二级主题的题目。这些题目的标题可理解为二级主题。二级主题是如何确定的呢?本书核心作者共同商定,确定了如下三种策略:一是依据新课标寻找相应模块下的二级主题,再根据二级主题寻找相关素材,如【创编试题7、8、9】等就是按照这种策略进行创编的。二是依据现行高中化学教材,再根据二级主题寻找相关素材,如【创编试题10、11、14】等就是按照这种策略进行创编的。三是根据元素周期表寻找相应模块下的二级主题,再根据二级主题寻找相关素材,如【创编试题15、20】等就是按照这种策略进行创编的。

3.6.2 素材遴选策略

遴选素材是原创题确定主题后的必然步骤。素材主要来源于日常生活、高中教材资源、大学教材资源、高考试题、期刊文献、公众号等。遴选素材主要涉及素材的搜索、阅读、选择和加工等环节。由于要确保原创题的科学性、新颖性、示范性,因此对特定主题下的素材选择需要对同一主题的不同材料进行遴选。遴选时,遵循如下几个策略:第一,主题匹配策略,即遴选的素材必须完全契合事先确定的特定主题;第二,来源筛选策略,即特定主题下的素材最好来源于中国知网且文献一般来源于核心期刊,以保证图像、数据、实验的真实性和科学性,也可来源于影响度高且能体现时代特征的大学化学教科书经典系列(如普通化学原理、结构化学、有机化学、无机化学、分析化学、物理化学);第三,素材整合策略,即对同一主题,我们力求做到查阅多篇文献或多个版本的教材上相关内容,对同一主题下相同素材进行内容上和形式上的比较研究,从而分析、遴选、整合成特定主题原创题所需要的素材。这些遴选出来的素材作为原创题的真实情境,通过合适的加工后转化为试题情境。

3.6.3 情境创设策略

原创题中的情境源于文献的真实情境。文献中的真实情境往往背景介绍过多、信息过多,直接引用会使得命题字数多,造成学生完成题目时认知上的干扰,需要将文献的真实情境转化为命题情境。命题情境要求真实、简明、可读性强。从我们实践操作层面看,文献真实情境转化为命题情境也有三种策略。第一,情境点缀策略,即命题情境仅仅起到介绍某个知识点和信息点背景的作用,对学生解决问题不会起到实质性作用,这种策略适用于编制简单的原创题。第二,情境贯穿策略,即命题情境贯穿于整个特定主题,每个小题的问题设计均围绕特定主题不同维度设计,这种策略对于系统考查特定主题的必备知识非常深入,对学生的综合能力考查也比较深入。第三,情境统整策略,即不同文献对同一特定主题均有不同程度的贡献,命题时需要统整各个相关文献的真实情境,设计出需要的命题情境,使得原创题更加具有综合性和创新性。本书主要采用的命题情境策略就是情境贯穿策略和情境统整策略。

3.6.4 问题设计策略

题目设计过程中的关键步骤是问题的设计。不同的题目因为其所用的目的不同而有侧重。本书的原创题是基于学生已经学完所有高中化学内容后的综合练习题,具有“大主题、大情境、大综合”的特征。因此,其问题设计的策略与平常课时练习的作业设计、单元测试、阶段性学业质量水平检测还有所不同。由于本书的原创题直接面向高考,而高考是典型的人才选拔性考试,因此本书原创题的问题设计主要也是瞄准目前“双新”背景下基于核心素养培育和考查的化学高考试题的。本书在原创题的问题设计过程中遵循的策略主要有以下四个。

第一,匹配新课标策略。从测量学角度看,每一道题目均会有一定的难度。我们认为:原创题太简单,无法满足学生的学习需求和能力提升;原创题目太难,则会大大增加学生的学习障碍甚至影响学生学习化学、完成化学题目的兴趣。因此,本书中的原创题立足于新课标且主要面向于上海地区高考化学试题,难度上基本持平或略有提升,适合所有选考化学的学生或高中化学教师参考使用。本书中特定主题下的原创题的各个小题整体上由易到难逐渐加深,既符合学生思维认知层面(单一结构→多元结构→关联结构→拓展结构)的发展,又让学生真切感受到题目的舒适性,以提升学生对本书原创题的满意度。

第二,主客观混编策略。在目前"双新"背景下上海地区高考化学试题中,由于采用的是"大主题、大情境、大综合"的题目形式,这就要求平时的练习题最好也采用类似的题目,以增强学生的适应性和体验感,因此本书所有的原创题也是比照上海地区高考化学试题的形式编制,改变了过去客观题和主观题分离的呈现形式。本书中每道原创题目中的若干小题均是围绕特定主题,以巩固、强化、提升特定主题下的必备知识为宗旨,或采用客观题(选择题),或采用主观题(非选择题),混合编制成题。

第三,信息加工运用策略。原创题不可避免地会涉及一些较为陌生的化学专业术语、前沿化学理论,而这些专业术语或化学理论不一定是在课标或教材上出现的。为了考查学生对真实情境下陌生信息的理解、加工和运用能力,我们常会在原创题中有意识地设计一些较为前沿的化学专业术语或引入一个新颖的理论,并有意识地围绕这些化学专业术语或理论设计一道或多道小题。这样做的目的一方面增强原创题的新颖性,另一方面一定程度上适度增加原创题的理解难度,从而能较好地诊断、提升学生的知识运用能力和创新能力,为学生后续的努力提供选择的方向。

第四,简明设问策略。每一道题目均由题干和答题内容构成,题干由命题人完成,答题内容由使用者(学习者)完成。在题目题干的命制过程中,我们力争使化学语言精炼,不存在语义理解上的歧义,题目考查目的明确,便于使用者在短时间内通过阅读题干就能明白题目的宗旨,从而减少使用者在题意理解上的困扰,提高解题效率和正确性。

本章通过细致界定和阐述化学原创题的内涵、定位、类型、编制原则、编制路径、命制策略,详细勾画出原创题的命制过程,使得阅读本书的学习者得以借鉴模仿。检验学习效果最好的方式就是实践。相信通过本书的学习,各位学习者也非常乐意从命题理论走向创题实践、从创题实践走向创题反思和再实践。笔者诚挚建议,各位读者可以根据本书提供的编制原创题的经验和典型范例,自己做原创题的主人,以在自己未来的化学教育教学工作中取得更多更好更大的成绩。让我们一起更好地认识化学、理解化学、教好化学、用好化学,从而更好地落实“立德树人”的教育总目标。

实

践

篇

主题 1　物质结构与性质

【创编试题 1】抗腐蚀材料 Fe_3Si 的结构与性质

Fe_3Si 晶体中存在金属键和共价键，表现出金属性与陶瓷性，具有耐腐蚀、耐磨损等优点。采用化学气相沉淀法，可利用 $SiCl_4$ 气体在钢材表面进行渗硅制得 Fe_3Si。常温下 Fe_3Si 的晶胞结构及其正视图如下：

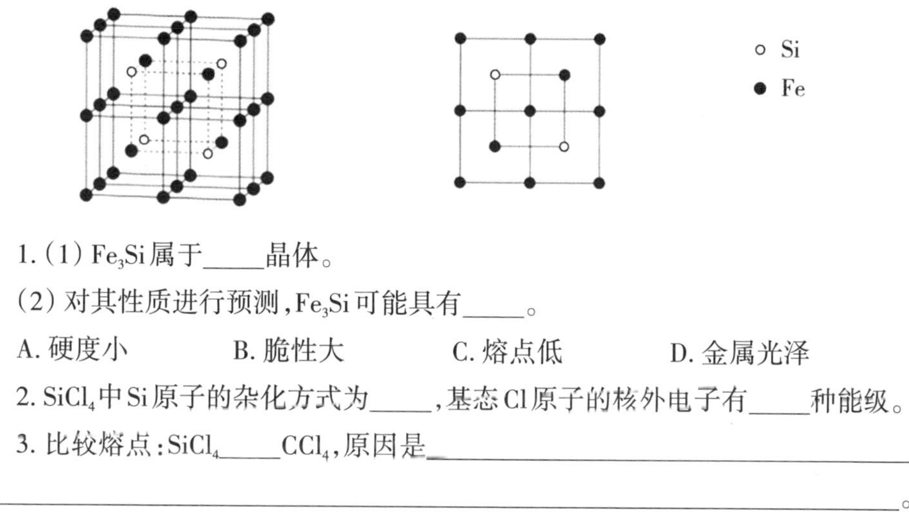

1. (1) Fe_3Si 属于____晶体。

(2) 对其性质进行预测，Fe_3Si 可能具有____。

A. 硬度小　　B. 脆性大　　C. 熔点低　　D. 金属光泽

2. $SiCl_4$ 中 Si 原子的杂化方式为____，基态 Cl 原子的核外电子有____种能级。

3. 比较熔点：$SiCl_4$____CCl_4，原因是____。

4. Fe_3Si 的晶胞棱长为 a，则 Si-Si 最近距离为____，晶胞中有____个 Fe。

5. 在 Fe_3Si 中加入 Cu 可改善其性能，为测试 Fe_3Si-Cu 复合材料在酸性环境中的耐腐蚀性，将样品在稀硫酸中浸泡 48 h，Fe_3Si 和 Cu 在稀硫酸中形成电化学腐蚀，通过元素分析发现生成的 SiO_2 形成薄膜覆盖在样品表面。

(1) 将电极反应式补充完整。

Fe_3Si 作负极：Fe_3Si+________$-13e^- = 3Fe^{3+}+SiO_2+$________。

Cu 作正极：____________________。

(2) 将样品分别浸泡在 $0.4\ mol \cdot L^{-1}$、$0.6\ mol \cdot L^{-1}$、$0.8\ mol \cdot L^{-1}$ 的 H_2SO_4 溶液中，用失重法计算腐蚀失重速率：

$$v_{失重}=\frac{m_{后}-m_{前}}{s\cdot t}$$

$m_{前}$、$m_{后}$分别为试样浸泡前后的质量(g),s为试样的表面积(mm^2),t为浸泡时间(h)。实验结果如下图所示。请结合化学原理解释腐蚀失重速率的差异。

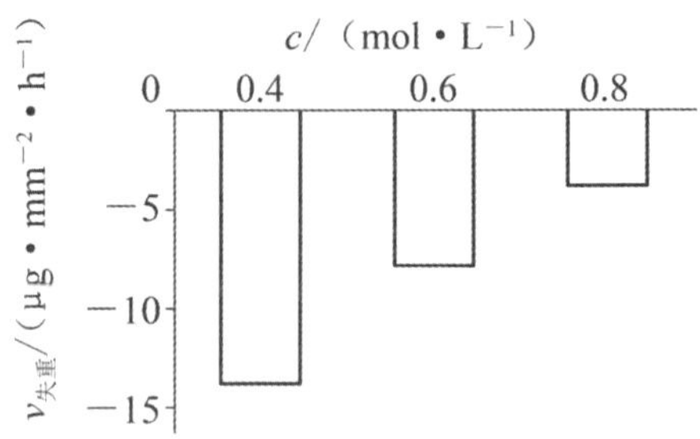

【试题答案】

1.(1)混合型 (2)BD **2.** sp^3杂化 5 **3.** > 两者是结构相似的分子晶体,相对分子质量$SiCl_4$大于CCl_4,范德华力强,熔点高 **4.** $\frac{\sqrt{2}}{2}a$ 12 **5.**(1)$2H_2O$ $4H^+$ $2H^++2e^-$ ══ H_2 (2)H_2SO_4浓度越大,化学反应速率越大,更快形成SiO_2覆盖在样品表面,减小样品与硫酸的接触面积,从而减缓样品的腐蚀,腐蚀失重速率的绝对值较小。

【素材来源】

[1] 黄薇. 钢材表面中性熔盐浸渗制备Fe_3Si合金层研究[D]. 西安:西安建筑科技大学,2018.

[2] 雒向东,安亮. 热压烧结Fe_3Si-10%Cu复合材料在稀H_2SO_4中的腐蚀行为[J]. 西北师范大学学报(自然科学版),2014,50(6):33-37.

[3] 贾建刚,窦萍,季根顺,等. 热压烧结Fe_3Si-Cu在NaOH溶液中的腐蚀行为[J]. 材料热处理学报,2012,33(1):54-59.

【创编试题2】金属有机框架材料Al-PMOF

中国科学技术大学的研究人员制备了一种小尺寸可溶性的金属有机框架材料Al-PMOF,在催化领域展现出良好的应用前景。图a是该材料的晶体结构,其中包含1个TCCP结构(图b)和8个Al-O八面体基团(图c)。

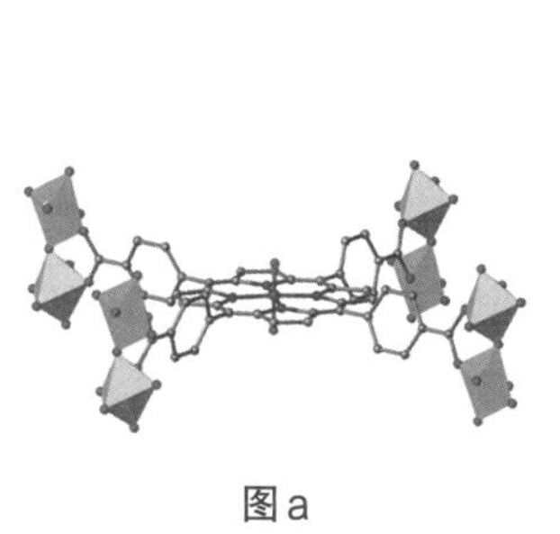
图a

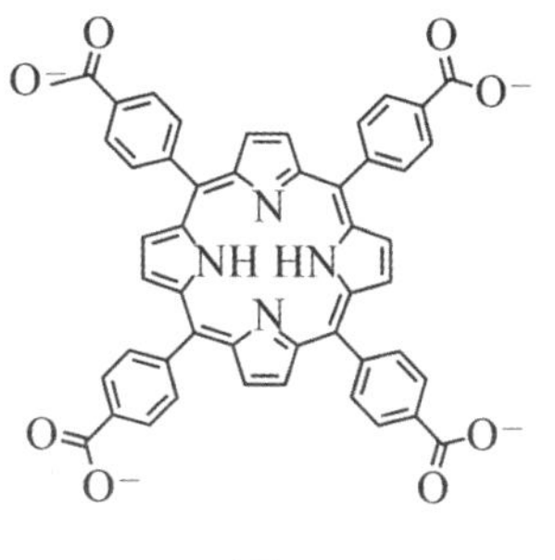

图b

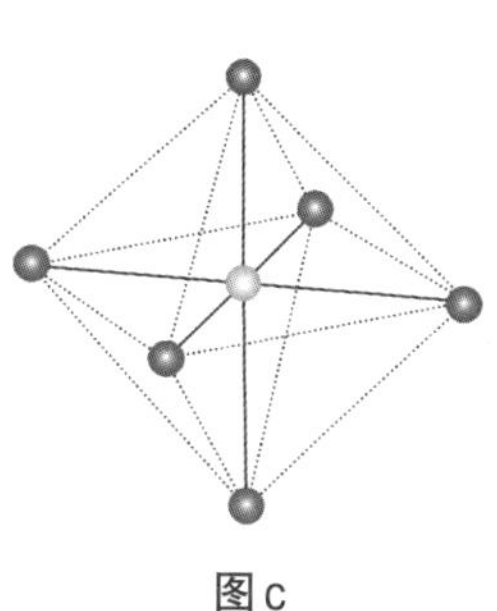
图c

1. 图b结构中的C原子采用sp^2杂化，杂化时基态C原子价电子层上的电子先激发再杂化，激发时C原子的价电子轨道表示式可能为________。

A. 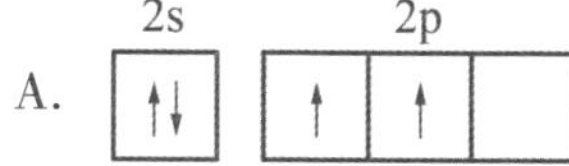

B. 

C. 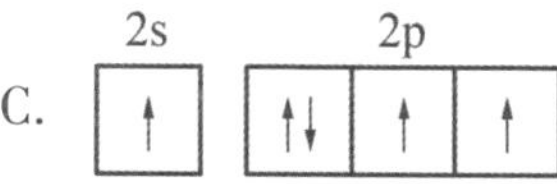

D. 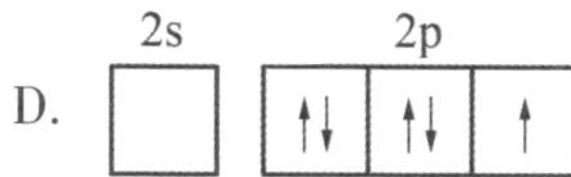

2. 图b结构中位于第二周期的元素的基态原子的第一电离能从小到大的顺序为________。

3. 图c结构中，Al^{3+}位于八面体的中心，Al^{3+}的杂化方式为________。

A. sp^2杂化　　B. sp^3杂化　　C. sp^3d杂化　　D. sp^3d^2杂化

用水热法制得红褐色的粉末(Bulk Al-PMOF)，用微波辅助合成法制得绛红色的凝胶(S-Al-PMOF)。将两者分别溶于适量乙腈(CH_3CN)，前者在短时间内便会沉降，后者长时间放置仍能保持澄清。用激光分别照射后结果如下图所示：

激光照射Bulk-Al-PMOF/乙腈的现象　　激光照射S-Al-PMOF/乙腈的现象

4. Bulk-Al-PMOF/乙腈属于分散系中的________，S-Al-PMOF/乙腈属于分散系中的________。

A. 乳浊液　　B. 悬浊液　　C. 溶液　　D. 胶体

5. 为研究材料分解水制氢的能力，向上述分散系中分别加入$[Pd(CH_3CN)_2]Cl_2$，通过沉积的方式使Pd纳米颗粒沉积到材料上，使Pd与Al-PMOF共同作用起到光催化制氢的作用。

(1) [$Pd(CH_3CN)_2$]Cl_2中,含有的化学键有________________。

(2) [$Pd(CH_3CN)_2$]Cl_2中,提供孤电子对的原子是________________。

6. 将加入[$Pd(CH_3CN)_2$]Cl_2处理的Bulk-Al-PMOF与S-Al-PMOF进行光催化制氢对比实验,使两种材料上沉积的Pd的量相同,测定6 h内产生氢气的速率,实验结果如下图所示。

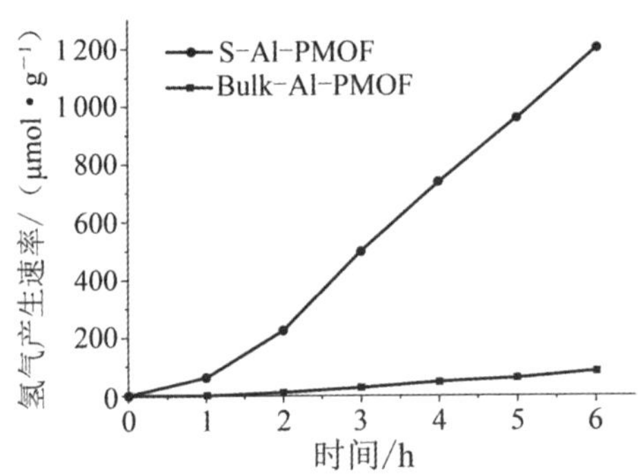

从粒径大小角度解释,两种材料催化效果不同的原因是________________________________。

【试题答案】

1. B **2.** C<O<N **3.** D **4.** B D **5.** (1) 离子键、共价键、(配位键) (2) N
6. S-Al-PMOF的分散质粒子的半径较小,比表面积大,负载的Pd颗粒的面积也较大,催化效果好,产生氢气的速率较快;Bulk-Al-PMOF的分散质粒子的半径较大,且容易沉降,负载Pd颗粒的面积也较小,催化效果差,产生氢气的速率较慢

【素材来源】

[1] 吴浅耶. 铝-卟啉MOF的微波辅助法合成及其光催化分解水制氢性能研究[D]. 合肥:中国科学技术大学,2020.

[2] Fateeva A, Chater P A, Ireland C P, et al. A Water-Stable Porphyrin-Based Metal-Organic Framework Active for Visible-Light Photocatalysis[J]. Angewandte Chemie International Edition, 2012, 124(30): 7558-7562.

[3] 吴浅耶,张晨曦,孙康,等. 一种可溶性卟啉MOF的微波辅助合成及其光催化性能[J]. 化学学报,2020,78(7):688-694.

【创编试题3】青铜器

青铜器是铜与锡(Sn)、铅(Pb)等的合金,原本的颜色是金色,在空气、水等其他物质的作用下,埋藏于地下的铜器逐渐生锈,铜锈大多呈青绿色,故称“青铜器”。铜锈的成分复杂,有Cu_2O、$Cu_2(OH)_2CO_3$、锡的氧化物、CuCl、$Cu_2(OH)_3Cl$等。

1. 为研究青铜器的成分,科学家采用______进行分析。

A. 质谱法　　B. 红外光谱法

C. X射线衍射分析法　　D. 原子发射光谱

2. 在合金中加入锡,对合金的性质产生的变化是______。

A. 提高熔点　　B. 降低硬度　　C. 提高防腐能力

3. (1) 当青铜器埋藏在富含Cl^-的土壤中,铜会锈蚀得到CuCl,该变化的氧化反应的半反应式为____________________。

(2) CuCl会水解得到Cu_2O和HCl,Cu_2O进而生成$Cu_2(OH)_3Cl$,该变化的第2步反应的化学方程式为____________________。

4. (1) 铜锈中锡的氧化物的晶胞如右图所示,该氧化物的化学式为______。

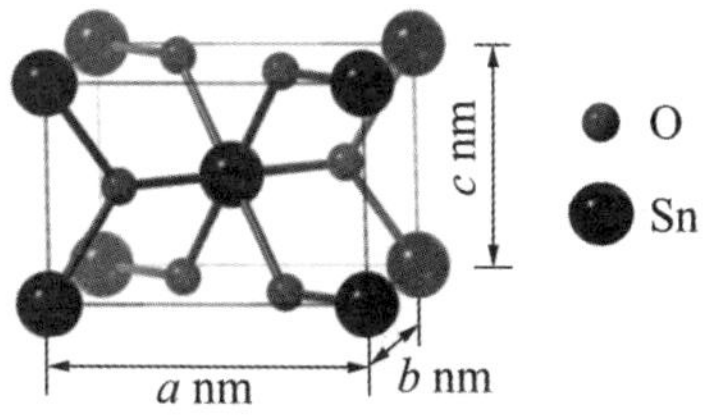

A. SnO　　B. SnO_2

C. SnO_3　　D. Sn_2O_3

结合图中数据计算,该氧化物晶胞的密度为________$g·cm^{-3}$。

(2) 锡在元素周期表中位于锗的下方,锡的价层电子排布式为____________,$SnCl_4$、$SnBr_4$和SnI_4的熔点分别为-33.3 ℃、31 ℃、144 ℃,几种四卤化锡熔点由低到高的原因为______________________________。

5. $Cu_2(OH)_3Cl$是有害锈,它的存在加快了铜的腐蚀。可用化学缓蚀剂苯并三氮唑(结构式:N、NH、N)减少青铜器的锈蚀,它与$Cu_2(OH)_3Cl$生成高聚物膜的作用机理如下图所示。已知:苯并三氮唑分子中所有原子共平面。下列说法正确的是____。

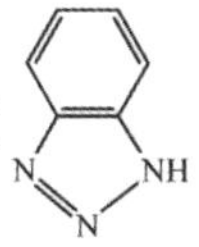

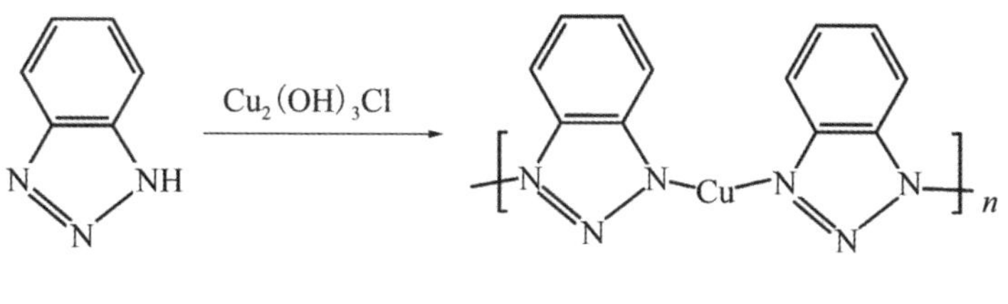

A. 苯并三氮唑中N原子的杂化类型有sp^2、sp^3

B. 生成物中，铜离子提供空轨道，氮原子提供孤电子对，形成配位键

C. 一个高聚物膜分子中含n个配位键

D. 形成高聚物膜后，Cu^{2+}被保护起来，减少了Cl^-与Cu^{2+}的接触，达到了防腐的目的

【试题答案】

1. CD　**2.** C　**3.**（1）$Cu+Cl^--e^- = CuCl$　（2）$2Cu_2O+2HCl+O_2+2H_2O = 2Cu_2(OH)_3Cl$　**4.**（1）B　$\frac{3.02\times 10^{23}}{abcN_A}$　（2）$5s^25p^2$　$SnCl_4$、$SnBr_4$和SnI_4为结构相似的分子晶体，相对分子质量依次增大，范德华力依次增大，熔点升高　**5.** BD

【素材来源】

[1] 罗思源，王瑶，程福英，等. 走近千年文物——青铜器[J]. 化学教育（中英文），2022，43(7)：1-6.

[2] 徐绍龄，等. 无机化学丛书（典藏版）（第六卷）[M]. 北京：科学出版社，2018：348.

【创编试题4】储氢材料氨基锂

氢气的制备、储存、运输、应用是氢能源产业化的4个基本环节。化学储氢技术是利用储氢介质与H_2发生化学反应生成含氢化合物（作为储氢材料），在一定条件下储氢材料通过化学反应释放氢气。

1. Li和Mg是储氢介质的热门材料，结合下图中不同元素的第一电离能，你认为________（填“Li”或“Mg”）更好，原因为________________________________。

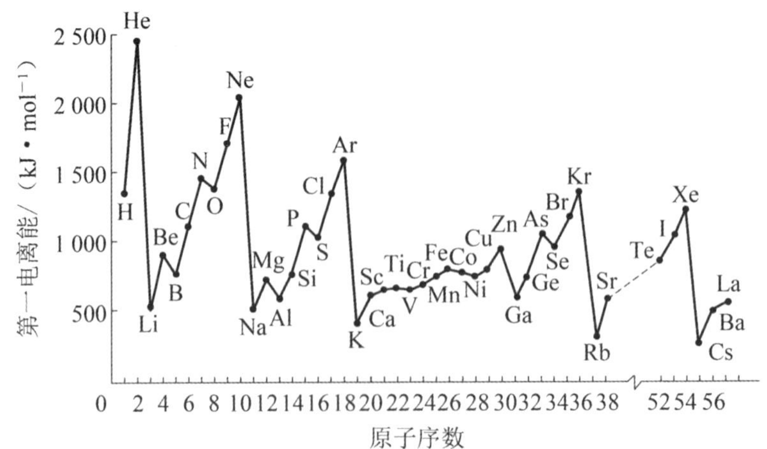

2. (1) 储氢材料中的H的化合价为−1价，可选择______元素作为储氢介质与氢气反应。

A. F　　　　B. S　　　　C. Na

(2) 释氢反应的一种途径为，−1价H与+1价H发生氧化还原反应生成H_2，常用储氢材料与水反应释氢。LiH发生释氢反应时的化学方程式为____。

(3) 储氢材料与酸反应也可释氢。你认为哪种方案更好，并说出其优点。

____

3. 由Li、N、H三种元素形成的一种新型储氢材料的晶胞如右图所示。

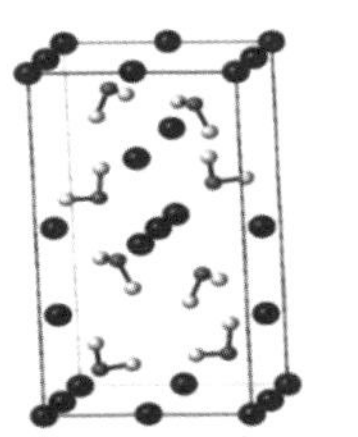

(1) NH_2^-中N原子的价层电子对数为__________。

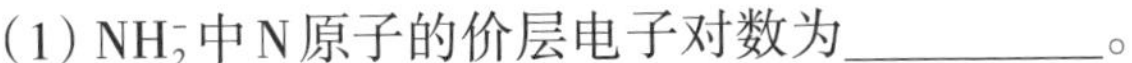

(2) NH_2^-的空间结构为__________。

(3) 该晶体的化学式为__________。

4. 上述储氢材料释氢反应的$\Delta H>0$，释氢过程需要加热，但是过高的温度会使储氢材料放出大量NH_3。为解决这个问题，研究人员在该储氢材料中分别加入下列物质，释氢过程的实验结果如下：

在储氢材料中添加的物质	实验过程与结果(储氢材料中氢元素的质量分数)
$TiCl_3$	在150~250 ℃，2 h内释放5.5 %~6.0 % H_2，并且没有NH_3生成
$LiBH_4$	在250 ℃，30 min内释放4 % H_2，抑制了杂质气体NH_3的生成
$Ca(BH_4)_2$、5 % $CoCl_2$	在178 ℃，5 h内释放7 % H_2，有少量杂质气体NH_3的生成

根据上述实验结果，能否比较三种材料在释氢能力、释氢速率和释放杂质气体方面的差异，请选择其中一个方面进行分析。

____

【试题答案】

1. Li　两种不同的储氢介质与氢气反应时发生氧化还原反应，并在反应中失电子，从图中可知Li的第一电离能小于Mg的第一电离能，所以Li与H_2的反应所需要消耗的能量较少　**2.** (1) C　(2) $LiH+H_2O = LiOH+H_2\uparrow$　(3) 与水反应更好，安全易得　**3.** (1) 4　(2) 角形　(3) $LiNH_2$　**4.** 可选任一方面，说出理由。如选释氢能力，理论值为$\frac{\text{H的质量}}{\text{储氢材料}LiNH_2\text{的总质量}}=\frac{1\times 2}{7+14+1\times 2}\approx 8.7\%$，在三种材料中，$Ca(BH_4)_2$、5 % $CoCl_2$释氢最多，其次为$TiCl_3$，最少的是$LiBH_4$，但反应时间不同，无法科学比较三种材料的释氢能力。如选释氢速率，将储氢材料中氢元素的质量分数变化量除以反应时间得释氢平均速率，在三种材料中，$LiBH_4$最快，其次为$TiCl_3$，最慢的是$Ca(BH_4)_2$、5 % $CoCl_2$，但反应温度不同，且无法得知瞬时速率，无法科学比较三种材料的释氢速率。如选释放杂质气体，在三种材料中，$TiCl_3$最好(无NH_3)，另外两种材料无法科学比较(没有测定释放NH_3的量)。

【素材来源】

[1] 梁德娟，于守丽，胡晓红. 基于认知模型进阶的“元素周期律”教学——选择元素制备储氢材料[J]. 化学教育(中英文)，2023，44(9)：78-83.

[2] 刘新，吴川，吴锋，等. 轻金属配位氢化物储氢体系[J]. 化学进展，2015，27(9)：1167-1181.

【创编试题5】光催化剂TiO_2

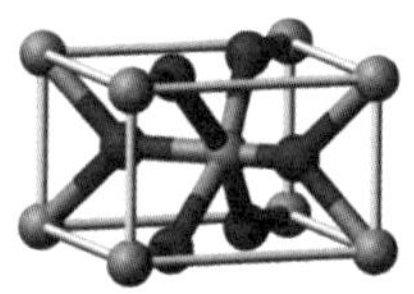

TiO_2具有催化效率高、性质稳定、无毒、价格低廉的优点，是使用较多的光催化剂。二氧化钛的金红石型晶体结构如右图所示。

其在xy、xz、yz平面投影如下图所示：

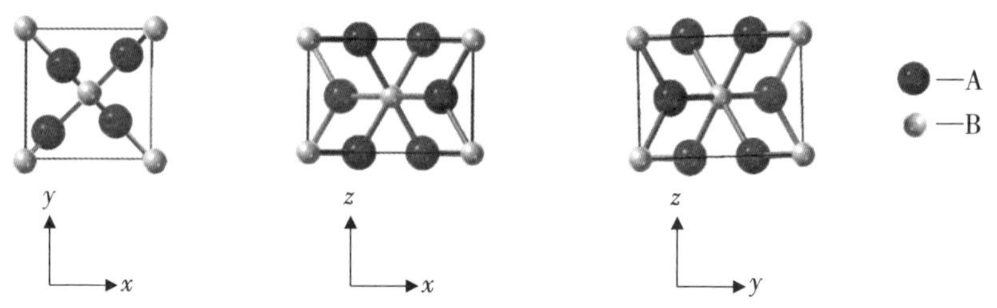

1. 基态Ti原子的价层电子排布式为_________。

2. Ti位于元素周期表中______区，钛原子核外电子占据的原子轨道数为_____。

3. 可通过________实验，能确定TiO_2晶体的晶胞结构。

A. 红外光谱　　B. 核磁共振　　C. X射线衍射　　D. 质谱

4. 根据TiO_2金红石型的晶体结构平面投影图，A球代表______(填“钛”或“氧”)离子。该晶胞中O^{2-}构成的空间结构为__________。

5. 根据晶胞结构分析，TiO_2晶体中Ti^{4+}周围等距离的O^{2-}有_____个。

6. 据研究TiO_2光催化氧化甲醛机理如下页图a所示，实验发现在长时间的光催化反应中中间产物会逐渐的积累，导致光催化剂表面的活性点位被占据，最终使

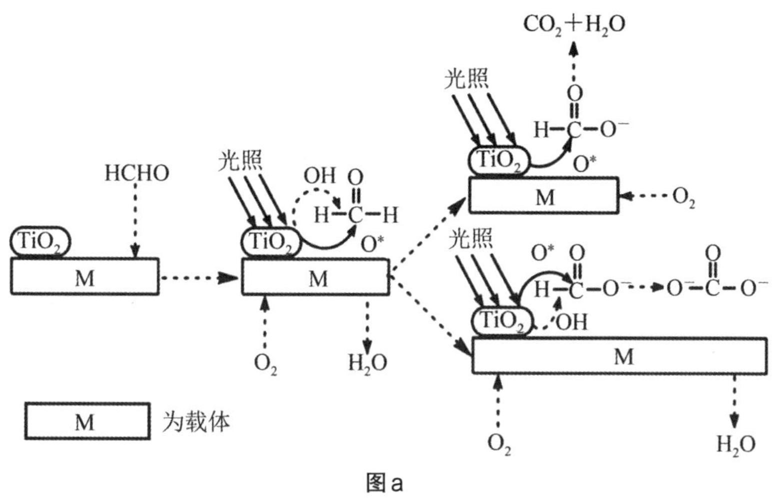

图a

得催化剂的活性降低出现失活现象，根据反应机理分析得出可能会产生________等盐类中间产物，总反应的化学方程式为______________________。

7. TiO_2表面加热处理后，表面产生氧空位作为反应活化点，可以吸附NO气体(见图b)。若要增大TiO_2表面的N_2脱附量，应选择_____(填“高温”或“低温”)，原因是____。

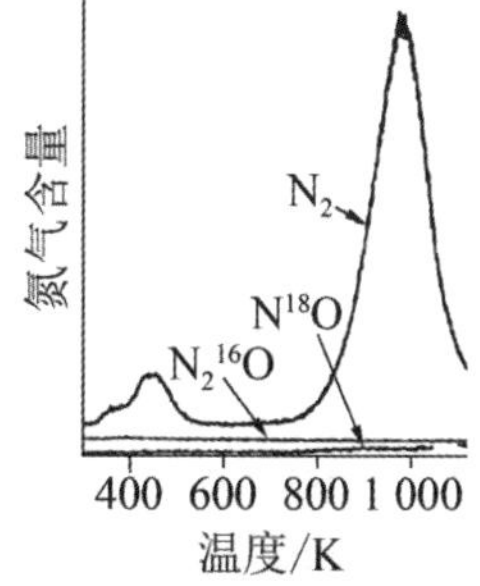

图b　NO气体吸附在TiO_2表面的脱附谱

【试题答案】

1. $3d^24s^2$　**2.** d　12　**3.** C　**4.** 氧　正八面体　**5.** 6　**6.** 甲酸盐($HCOO^-$)、碳酸盐(CO_3^{2-})　$HCHO + O_2 \xlongequal{催化剂} CO_2 + H_2O$　**7.** 高温　在高温TiO_2表面能够产生更多新的氧空位，吸附更多的NO气体，NO中的O原子留在氧空位，游离出的N原子相互结合，脱附出更多N_2

【素材来源】

[1] 李艳冉．二氧化钛纳米管的晶型对蛋白吸附和细胞响应影响的研究[J]．厦门大学学报，2019，27(5)：11-12.

[2] 万荣昇．负载型二氧化钛光催化降解甲醛气体及失活再生研究[J]．南昌大学学报，2022，30(5)：44-45.

[3] 汪洋．NO气体TiO_2表面的吸附行为[J]．化学学报，2006，64(15)：1611-1614.

【创编试题6】Bent's规则应用

20世纪30年代初，鲍林等人在价键理论的基础上提出杂化轨道理论，成功地解释了甲烷等简单分子的几何结构。但一些分子几何形状的差别却无法解释。1961年，亨利·本特(Henry Bent)将分子结构、中心原子杂化和取代基的电负性联系起来，提出本特规则(Bent's Rule)。

下表列出了ⅤA族元素气态氢化物的一些相关数据。

性质	NH_3	PH_3	AsH_3	SbH_3	BiH_3
熔点/℃	−77.8	−133.5	−116.3	−88	
沸点/℃	−34.5	−87.5	−62.4	−18.4	+16.8(外推)
键角	107.8°	93.6°	91.8°	91.3°	

1. PH_3、AsH_3和SbH_3的沸点逐渐升高的原因是____________________。

2. 常压下，NH_3的沸点比PH_3的高的主要原因是____________________。

3. 铵根离子中N—H键之间的键角为109°28′，结合价层电子对互斥理论，解释氨气中N—H键之间的键角比铵根离子中N—H键之间的键角小的原因。

____

除N以外，ⅤA族其他元素形成的氢化物XH_3(X=P，As，Sb)键角几乎相同，且小于NH_3。

为解释上述现象，某同学查阅资料，发现可用Bent's规则加以阐述：

Bent's规则指出，AB_n型分子的中心原子A会参与杂化。中心原子和电负性比它大的原子成键时，该杂化轨道中含有p轨道成分更多；反之，中心原子与电负性比它小的原子成键时，该杂化轨道中含有s轨道成分更多。Bent's规则消除了所有杂化轨道都是等性sp^n轨道的假设，且n可以是非整数。p轨道成分越多，键角越小；s轨道成分越多，键角越大。

4. CH_3F中，C—F中C为sp^4杂化，即参与杂化的s轨道和p轨道数量比为1∶4，s轨道成分$\delta(s)=\dfrac{\text{参与杂化的s轨道数}}{\text{杂化轨道总数}}\times100\%=\dfrac{1}{1+4}\times100\%=20\%$，$\delta(p)=\dfrac{4}{1+4}\times100\%=80\%$。C—H中的C为$sp^{2.74}$杂化，则$\delta(s)=$______%。(保留三位有效数字)

5. 请根据以上信息，以及电负性数据，运用Bent's规则解释NH_3键角大、而SbH_3键角很小的原因是______________________________。

元素	H	N	Sb
电负性	2.1	3.0	1.9

6. 成键轨道中s和p轨道所占比例不同，还会对键长造成影响，以下选项正确的是______。

键	键长/($\times10^{-10}$m)
C(sp^3)—C(sp^3)	1.53~1.55
C(sp^3)—C(sp^2)	1.49~1.52
C(sp^2)═C(sp^2)	1.31~1.34
C(sp)≡C(sp)	1.17~1.20

A. 其他条件不变，s轨道成分越多，键长越短

B. 其他条件不变，s轨道成分越少，键长越短

C. 乙烷中碳碳键的键长大于乙烯中碳碳键的键长

D. 乙烯中碳碳键的键长大于苯中碳碳键的键长

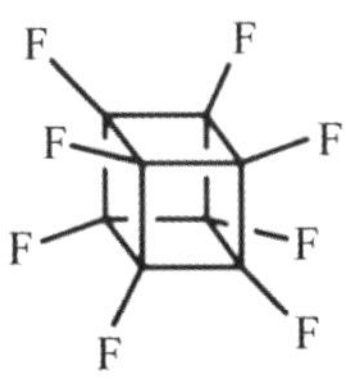

全氟立方烷

科学家成功合成了全氟立方烷C_8F_8(右图)。C_8F_8具有独特的电子承载能力和氧化还原活性，可能成为具备独特功能的有机材料。

7. 结合Bent's规则和第6小题得到的结论，推测立方烷C_8H_8中碳碳键的键长比全氟立方烷中的更长的原因是________________。

8. 实验测得，全氟立方烷的碳碳键的键长与立方烷C_8H_8的几乎相同，原因是________________。

【试题答案】

1. 它们都是分子晶体，气化破坏范德华力，相对分子质量$PH_3<AsH_3<SbH_3$，范德华力$PH_3<AsH_3<SbH_3$，故沸点$PH_3<AsH_3<SbH_3$　**2.** NH_3和PH_3都是分子晶体，NH_3分子间除范德华力还有氢键，PH_3分子间只有范德华力，氢键强于范德华力，故NH_3沸点高于PH_3　**3.** 氨气和铵根离子的价电子对空间结构都是四面体形，但氨气中心原子N上有一个孤电子对，铵根离子中无孤电子对，孤电子对对成键电子对的排斥作用强于成键电子对对成键电子对的排斥作用，因此NH_3中N—H键之间的键角更小。　**4.** 26.7　**5.** 电负性Sb<H，Sb与H成键的杂化轨道p成分更多，键角小；电

负性N>H,N与H成键的杂化轨道s成分更多,键角大 **6.** AC **7.** 依据Bent's规则,氟原子使得C原子杂化轨道的s成分增加,因此键缩短 **8.** 相邻氟原子间的排斥作用导致C—C键随着氟原子数量的增加而变长,并且这种作用与Bent's规则的效应相互抵消

【素材来源】

格林伍德,厄恩肖.元素化学[M].北京:高等教育出版社,1996.

主题2　化学反应原理

【创编试题7】二氧化碳缓冲溶液——$NaHCO_3$溶液

碳酸氢钠溶液在化学与医学研究中常以二氧化碳缓冲溶液的形式出现，研究碳酸氢钠及其水溶液具有重要价值。

1. 我国工业生产碳酸氢钠的方法包括“氨碱法”与“侯氏制碱法”。后者的主要原理是一定温度条件下将二氧化碳通入氨气饱和的食盐水中，经反应析出碳酸氢钠晶体并生成一种常见氮肥。此反应的化学方程式为______________________。

2. $NaHCO_3$晶体的部分结构如下，关于$NaHCO_3$的下列说法中不正确的是____。

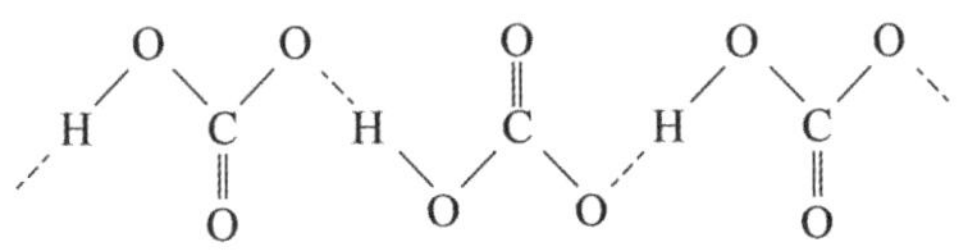

A. 碳酸氢钠晶体中含有离子键、共价键、氢键三种作用力

B. 用一定浓度的稀盐酸通过互滴法可以鉴别Na_2CO_3和$NaHCO_3$溶液

C. 碳酸氢钠的热稳定性强于碳酸钠

D. 碳酸氢钠溶液中滴入一定浓度的氢氧化钡溶液会产生白色沉淀

3. 研究小组对碳酸氢钠溶液做了如下研究：$NaHCO_3$作为弱酸酸式盐，用pH试纸测试碳酸氢钠溶液，发现pH>7，原因是____（结合离子方程式说明）。此溶液中各离子浓度之间存在如下关系：$[Na^+]+[H^+]-[OH^-]=$________________。

将0.010 0 $mol\cdot L^{-1}$的$NaHCO_3$溶液置于下页图1所示的三颈烧瓶中，经过CO_2传感器、pH传感器采集数据，得到了下页图2(a)和图2(b)。

4. 常温常压下大气中的CO_2体积分数$\varphi(CO_2)$一般稳定在0.000 4，下页图2(a)中数据表明在密闭的三颈烧瓶（室温）中CO_2的体积分数呈现出__________的变化特点；溶液pH呈现逐渐变大并最后保持恒定，表明溶液的碱性逐渐____________；对于这两现象合理的解释是________________________________。

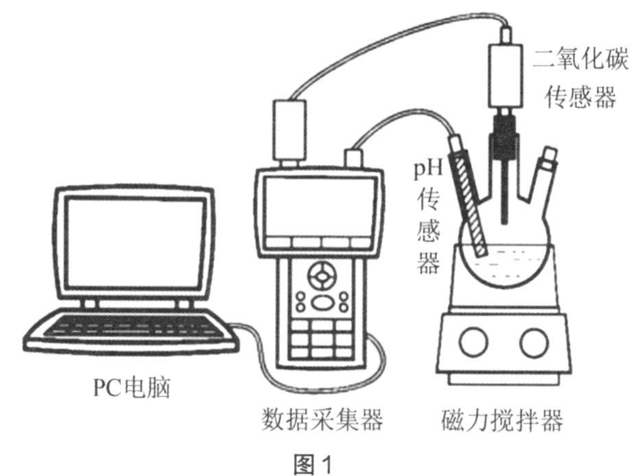

图1

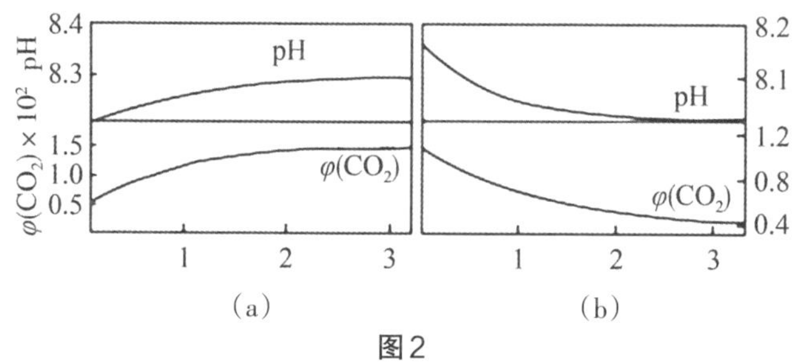

图2

5. 若向前述三颈烧瓶中鼓入富含CO_2的空气，所测得气体中CO_2体积分数由0.011 9明显下降并稳定到0.004 3，如图2(b)所示，表明当CO_2体积分数较高时，$NaHCO_3$溶液能________（填“吸收”或“释放”）CO_2；结合平衡移动原理分析，溶液的pH下降的原因是____。

6. 饱和$NaHCO_3$溶液和$Al_2(SO_4)_3$溶液混合后会产生大量的泡沫，发生反应的离子方程式为____________________________，可利用这一原理制作泡沫灭火器。

7. 人体血液中存在碳酸-碳酸氢钠缓冲体系，血液pH稳定在7.35~7.45，若$pH<7.35$表现为酸中毒；$pH>7.45$则表现为碱中毒，人体血液维持稳定的作用机制如下页图3所示。

(1) 根据下页图3分析，若病人发生肺水肿、阻塞性肺病（肺通气功能障碍引起体内的CO_2排出受阻，使得CO_2会溶解在血液中），则病人表现为________（填“酸”或“碱”）中毒，理由是____。

(2) 若血液中OH^-浓度增大，则______（填离子符号）会通过肾脏排出体外，从

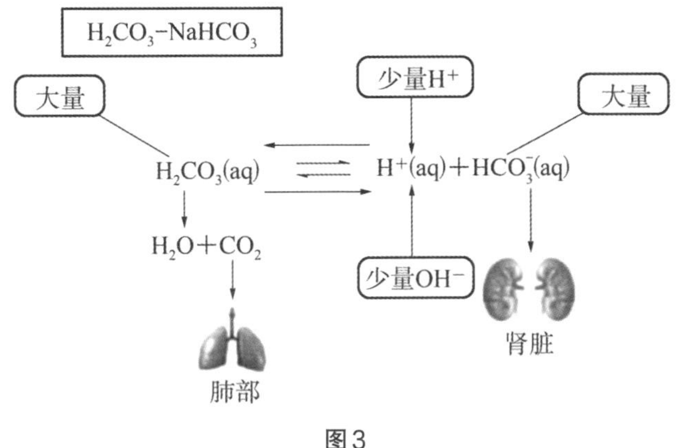

图3

而维持血液的pH在合理范围。

【试题答案】

1. $CO_2+NH_3+NaCl+H_2O = NaHCO_3\downarrow +NH_4Cl$　**2.** C　**3.** $HCO_3^- \rightleftharpoons H^++CO_3^{2-}$，$HCO_3^- +H_2O \rightleftharpoons H_2CO_3+OH^-$，碳酸氢根的水解程度强于其电离程度而使溶液显碱性　$[HCO_3^-]+2[CO_3^{2-}]$　**4.** 逐渐变大最后保持恒定　增强　溶液中碳酸氢根存在反应 $2HCO_3^- \rightleftharpoons CO_3^{2-}+H_2CO_3$，碳酸不稳定，分解出 CO_2，使得三颈烧瓶中 CO_2 的体积分数逐渐上升，平衡后基本保持不变；溶液中 CO_3^{2-} 的浓度增大，水解产生的 OH^- 浓度增大，pH也增大　**5.** 吸收　CO_2体积分数较高时，会使三个平衡 $CO_2(g) \rightleftharpoons CO_2(aq)$，$CO_2+H_2O \rightleftharpoons H_2CO_3$，$H_2CO_3 \rightleftharpoons HCO_3^- +H^+$均正向移动，溶液中$H^+$浓度增大，溶液pH下降　**6.** $3HCO_3^- +Al^{3+} = 3CO_2\uparrow +Al(OH)_3\downarrow$　**7.** (1) 酸　CO_2排出受阻，CO_2溶解在血液中，使得 $CO_2+H_2O \rightleftharpoons H_2CO_3$ 平衡正向移动，血液中的 H_2CO_3 含量上升明显，其电离出 H^+ 的浓度增加，导致血液的 $pH<7.35$，表现为酸中毒　(2) HCO_3^-

【素材来源】

[1] 郝润蓉，方锡义，钮少冲．无机化学丛书：第3卷[M]．典藏版．北京：科学出版社，2018.

[2] 朱壮丽，邳宏伟，姜序敏，等．二氧化碳缓冲溶液缓冲原理的数字化解析实验[J]．化学教育，2020，41(15)：64-66.

[3] 兰婷，冀楠，王海波，等．医用基础化学缓冲溶液及其作用机制的教学设计与思考[J]．化学教育，2020，41(10)：67-70.

【创编试题8】配位化合物的解离平衡

配位化合物的生成、溶解与转化是一类常见并实用的化学反应，在科学研究、工业生产中均有重要的作用。

配离子$[Cu(NH_3)_4]^{2+}$在水溶液中存在下列各级解离平衡及解离平衡常数：

解离平衡	解离平衡常数
① $[Cu(NH_3)_4]^{2+} \rightleftharpoons [Cu(NH_3)_3]^{2+} + NH_3$	$K_{不稳1}$
② $[Cu(NH_3)_3]^{2+} \rightleftharpoons [Cu(NH_3)_2]^{2+} + NH_3$	$K_{不稳2}$
③ $[Cu(NH_3)_2]^{2+} \rightleftharpoons [Cu(NH_3)]^{2+} + NH_3$	$K_{不稳3}$
④ $[Cu(NH_3)]^{2+} \rightleftharpoons Cu^{2+} + NH_3$	$K_{不稳4}$

1. ②中解离平衡常数表达式$K_{不稳2}$=________；若设$[Cu(NH_3)_4]^{2+} \rightleftharpoons Cu^{2+} + 4NH_3$解离平衡的总的不稳定平衡常数为$K_{不稳}$，则$K_{不稳}$与前述各级解离平衡常数的关系是________________________________。

2. 若设$Cu^{2+} + 4NH_3 \rightleftharpoons [Cu(NH_3)_4]^{2+}$的平衡常数为$K_{稳}$，则$K_{稳}$与$K_{不稳}$的关系是________________________________；实验测得某铜氨溶液中NH_3的物质的量浓度为1.0 mol·L^{-1}，$[Cu(NH_3)_4]^{2+}$物质的量浓度为0.10 mol·L^{-1}，则此溶液中的Cu^{2+}物质的量浓度为________mol·L^{-1}。（保留2位小数，$K_{稳}=2.1\times10^{13}$）

3. Fe^{3+}与F^-在溶液中存在如下平衡：$Fe^{3+}+3F^- \rightleftharpoons FeF_3$，向其中加入硫酸，使溶液中$H^+$物质的量浓度达到一定数值时有气体放出，原因是____。

4. 向硝酸银溶液中逐滴加入氯化钠溶液，观察到白色沉淀产生，继续滴加NaCl溶液到反应完全，然后滴入一定浓度的氨水（溶质以NH_3计）至过量，观察到的现象是____；整个过程中发生反应的离子方程式为________________________________；若欲使0.000 1 mol AgCl完全溶解于1 mL氨水，生成$Ag(NH_3)_2^+$离子，则氨水的物质的量浓度为________（保留2位小数）。已知：$K_{sp}(AgCl)=1.77\times10^{-10}$，$K_{稳}[Ag(NH_3)_2^+]=1.1\times10^7$。

5. 过渡金属离子Co^{2+}、Fe^{3+}均能与SCN^-形成有色配合物，离子反应为：$Co^{2+}+4SCN^- \rightleftharpoons Co(SCN)_4^{2-}$（蓝紫色）；$Fe^{3+}+SCN^- \rightleftharpoons Fe(SCN)^{2+}$（血红色）。为排除溶液中$Fe^{3+}$对$Co^{2+}$检验的干扰，常向其中加入$NH_4F$固体，反应的离子方程式为：

$Fe(SCN)^{2+}+3F^- \rightleftharpoons FeF_3$(无色)$+SCN^-$,达到平衡后溶液中$SCN^-$和$F^-$的物质的量浓度均为1 $mol\cdot L^{-1}$。通过计算说明这种实验操作方法是否合理?已知:$K_{稳}[Fe(SCN)^{2+}]=2.2\times10^3$;$K_{稳}(FeF_3)=1.1\times10^{12}$。(写出计算过程)

粗Ni中常含有少量的Fe、Co金属杂质,某实验小组欲提纯粗Ni制备精Ni,经查阅文献,获取如下关键信息:

金属单质	化学反应	反应条件
Ni	$Ni(s)+4CO(g) = Ni(CO)_4(g)$ $Ni(CO)_4(g) = Ni(s)+4CO(g)$	60~70 ℃,常压 200 ℃,常压
Fe	$Fe(s)+5CO(g) = Fe(CO)_5(g)$	200 ℃,2 MPa
Co	不与CO反应	—

6. 根据以上信息,该实验小组设计的粗Ni提纯的实验方案如下。请结合信息将方案补充完整。

第一步:将一定质量的粗Ni置于圆筒状密闭容器中,从密闭容器一端通入适量CO气体,在常压和__________(填温度的数值)反应一段时间。

第二步:使产生的____________________(填物质的化学式)扩散到圆筒的另一端,一段时间后,对另一端的$Ni(CO)_4$在常压下加热到__________(填温度的数值),则分解出的Ni为精Ni。

生物体内微量金属离子所形成的配合物对生命过程起到特别微妙的作用。如动物血液中起到运送氧作用的血红素是含Fe^{2+}的配合物(图a),植物生长起光合作用的叶绿素是含Mg^{2+}的复杂配合物(图b)。

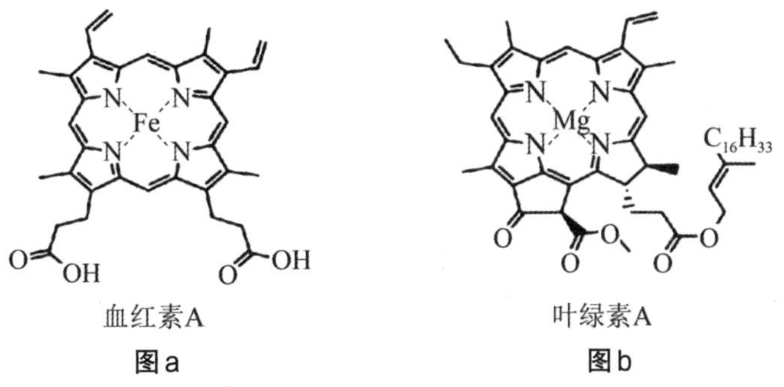

图a　　图b

7. 下列关于图a、图b所示配合物结构的说法中错误的是________。

A. 血红素A、叶绿素A所示分子结构中一定含配位键、σ键、π键,可能存在氢键

B. 血红素A、叶绿素A所示结构中均含有碳碳双键、碳氮双键、羧基和酯基

C. 叶绿素A所示结构中含有多个手性碳原子

D. 血红素A、叶绿素A均能在一定条件下与H_2、溴水、酸性高锰酸钾溶液反应

【试题答案】

1. $\{[Cu(NH_3)_2]^{2+}\}[NH_3]/\{[Cu(NH_3)_3]^{2+}\}$　$K_{不稳}=K_{不稳1}\times K_{不稳2}\times K_{不稳3}\times K_{不稳4}$ **2.** $K_{稳}\times K_{不稳}=1$　4.8×10^{-15}　**3.** F^-与H^+结合成的HF气体逸出平衡体系,使得平衡不断逆向移动　**4.** AgCl悬浊液逐渐溶解,最终变成无色透明溶液　$Ag^++Cl^-=AgCl\downarrow$、$AgCl+2NH_3\cdot H_2O\rightleftharpoons Ag(NH_3)_2^+ + Cl^- + 2H_2O$　2.47 mol·L^{-1}　**5.** 根据离子方程式$Fe(SCN)^{2+}+3F^-\rightleftharpoons FeF_3 + SCN^-$,得$K=[FeF_3][SCN^-]/\{[Fe(SCN)^{2+}][F^-]^3\}=[FeF_3][SCN^-][Fe^{3+}]/\{[Fe(SCN)^{2+}][F^-]^3[Fe^{3+}]\}=K_{稳}(FeF_3)/K_{稳}[Fe(SCN)^{2+}]=1.1\times10^{12}/(2.2\times10^3)=5.0\times10^8$,达到平衡后$[SCN^-]=[F^-]=1.0$ mol·L^{-1},$[FeF_3]/[Fe(SCN)^{2+}]=5.0\times10^8$,由此可知溶液中的$[Fe(SCN)^{2+}]$几乎全部转化为$FeF_3$,故操作合理。　**6.** 60~70 ℃　$Ni(CO)_4$　200 ℃　**7.** AB

【素材来源】

华彤文. 普通化学原理[M]. 3版. 北京:北京大学出版社,2005:356-364.

【创编试题9】沉淀溶解平衡

沉淀的生成、溶解与转化是一类常见并实用的化学反应,在科学研究、工业生产中均有重要的作用。

1. 室温下,将一块不规则的AgCl晶体放入饱和AgCl水溶液中(不考虑水的挥发),长时间后,观察到的现象是____________________,这一过程涉及氯化银的沉淀溶解平衡,其溶度积的表达式为____________________。

2. 下列关于AgCl沉淀溶解平衡的说法中正确的是________。

A. AgCl不再变为Ag^+和Cl^-　　B. Ag^+和Cl^-不再结合为AgCl

C. 溶解速率和沉淀速率相等　　D. AgCl的溶解过程的$\Delta S>0$

若向少量AgCl悬浊液中逐滴加入稀氨水,观察到的现象是________________,发生反应的离子方程式为____________________。

3. 已知25 ℃下,氯化银的$K_{sp}=1.77\times10^{-10}$,则其溶解度为________mol·L^{-1}(用科学记数法表示,保留3位有效数字)。若向饱和氯化银溶液中滴入一定物质的量浓度的溴化钠溶液,发现产生了淡黄色沉淀,此实验现象说明溶度积K_{sp}(AgCl)____K_{sp}(AgBr);如要证明溶度积K_{sp}(AgBr)>K_{sp}(AgI),须另做的实验是________________。

（简述操作、试剂和现象）

4. 下列因素中对难溶物溶度积K_{sp}无影响的是________。

A. 温度　　　B. 难溶电解质的性质　　　C. 压强　　　D. 浓度

5. 常温下CaC_2O_4和$CaCO_3$的K_{sp}如下表所示。

物质	CaC_2O_4	$CaCO_3$
K_{sp}	2.32×10^{-9}	3.36×10^{-9}

（1）一定条件下，将10 mL 0.020 $mol\cdot L^{-1}$的$CaCl_2$溶液与等体积等浓度的$Na_2C_2O_4$溶液混合，观察到的现象是________________________，理由是____（通过计算说明）。

（2）若向同体积的1.000 $mol\cdot L^{-1}$的$CaCl_2$溶液中通入CO_2气体到饱和（CO_3^{2-}物质的量浓度为4.7×10^{-11} $mol\cdot L^{-1}$），________（填“能”或“不能”）观察到白色沉淀，原因是____（通过计算说明）。

6. 常温下$Fe(OH)_3$和$Mg(OH)_2$的K_{sp}如下表所示。

物质	$Fe(OH)_3$	$Mg(OH)_2$
K_{sp}	2.79×10^{-39}	5.6×10^{-12}

某酸性溶液中Fe^{3+}、Mg^{2+}的离子浓度均为0.010 0 $mol\cdot L^{-1}$，逐滴滴加一定物质的量浓度的NaOH溶液，均能形成氢氧化物沉淀，现规定某微粒的物质的量浓度小于10^{-5} $mol\cdot L^{-1}$即沉淀完全。根据K_{sp}计算，Fe^{3+}沉淀完全而Mg^{2+}不沉淀时溶液的pH范围是______（保留一位小数）。

7. 向盛有黄色$PbCrO_4$沉淀的试管中加入$(NH_4)_2S$溶液并逐渐搅拌，观察到溶液变成淡黄色（CrO_4^{2-}），沉淀变为黑色的PbS，此反应的离子方程式为__________。已知$K_{sp}(PbCrO_4)=2.8\times10^{-13}$，$K_{sp}(PbS)=8.0\times10^{-28}$，则此反应的平衡常数$K$=______。$H_2S$的电离平衡常数分别为：$K_{a1}=1.1\times10^{-7}$，$K_{a2}=1.3\times10^{-13}$，若向PbS悬浊液中加入足量盐酸，计算说明该反应进行的程度。

【试题答案】

1. 不规则的AgCl晶体变规则　$K_{sp}=[Ag^+][Cl^-]$　**2.** CD　AgCl悬浊液逐渐溶解，最终变成无色透明溶液　$AgCl+2NH_3\cdot H_2O \rightleftharpoons [Ag(NH_3)_2]^++Cl^-+2H_2O$　**3.** 1.33×

10^{-5} > 向盛有饱和溴化银溶液的试管中滴加一定浓度的KI溶液，出现黄色沉淀生成 **4.** CD **5.** (1) 产生白色沉淀 (2) $Q=[Ca^{2+}][C_2O_4^{2-}]=1.0\times10^{-4}>K_{sp}(CaC_2O_4)$ 不能 $Q=[Ca^{2+}][CO_3^{2-}]=4.7\times10^{-11}<K_{sp}(CaCO_3)$ **6.** 2.8~9.4 **7.** $PbCrO_4+S^{2-} \rightleftharpoons PbS+CrO_4^{2-}$ 3.5×10^{14} 不溶解；计算过程为：若假定反应发生，则有 $PbS+2H^+ \rightleftharpoons Pb^{2+}+H_2S$，此反应平衡常数 $K=[H_2S][Pb^{2+}]/[H^+]^2=[H_2S][Pb^{2+}][S^{2-}]/\{[H^+]^2[S^{2-}]\}=K_{sp}(PbS)/(K_{a1}K_{a2})=5.6\times10^{-8}$，显然此反应的平衡常数$<10^{-5}$，因此难以进行。

【素材来源】

华彤文，陈景祖，等．普通化学原理[M]．3版．北京：北京大学出版社，2005：182-195.

【创编试题10】高能燃料——联氨

联氨(N_2H_4)，又称“肼”，具高吸湿性、沸点386 K、毒性强、还原性强等特性，燃烧释放出大量的热，常用作火箭的燃料和还原试剂，研究联氨具有重要的价值。

1. 联氨可用次氯酸钠溶液氧化过量的氨气制得，此反应的离子方程式为______________________________；此反应中，被氧化的元素是______。每生成1 mol联氨，转移的电子数为______。

2. 联氨具有强极性，据此推测接近联氨分子真实空间结构的可能是________。

A. 反式结构　　B. 顺式结构

3. 联氨具有高吸湿性，原因是____。联氨的水溶液具有与氨水类似的性质，将联氨溶解于一定浓度的稀硫酸中，除形成$N_2H_6SO_4$这种盐外，还可以生成的盐有____________________(填化学式)。实验发现0.1 $mol\cdot L^{-1}$ $N_2H_6SO_4$溶液显酸性，原因是__________________________________(用离子方程式表示)，溶液中各种含氮微粒存在关系$c(N_2H_6^{2+})+c(N_2H_5^{+})$______$0.1-c(N_2H_4)$。

4. 1 mol液态联氨在空气中完全燃烧生成氮气和液态水可放出621.74 kJ的热量，此反应的热化学方程式为____________________________________。

5. 联氨在一定条件下能被亚硝酸氧化为叠氮酸(HN_3)，室温下测得亚硝酸、叠

氮酸的电离平衡常数如下表所示：

酸的名称	亚硝酸（HNO_2）	叠氮酸（HN_3）
电离平衡常数（K_a）	5.1×10^{-4}	1.8×10^{-5}

同浓度的HNO_2和HN_3，其pH：HNO_2______（填“>”“<”或“=”）HN_3，N_3^-离子反应性能类似于卤素离子，则难溶物AgN_3的K_{sp}表达式为______________。

6. 一定条件下，联氨与二氯化钴（$CoCl_2$）能形成配位化合物$[Co(N_2H_4)_6]Cl_2$。关于此配位化合物，下列说法中不正确的是______。

A. 中心离子是Co^{2+}

B. 配位数是8

C. 配位原子是N原子

D. 向此配合物的溶液中滴入硝酸银，会产生白色沉淀

7. 某小组研究了联氨和双氧水反应，查阅到相关键能数据如下表所示：

化学键	N—H	O—H	O—O	N—N	N≡N
键能/（kJ·mol^{-1}）	391	467	138	159	945

并且1 mol $N_2H_4(l)\rightarrow N_2H_4(g)$与2 mol $H_2O_2(l)\rightarrow H_2O_2(g)$共吸热23.76 kJ，据此估算化学反应$N_2H_4(l)+2H_2O_2(l)=N_2(g)+4H_2O(g)$的焓变$\Delta H$=______kJ·mol^{-1}。该小组利用上述反应设计出如下电池：负极电极反应式为$N_2H_4+4OH^--4e^-=N_2+4H_2O$，正极电极反应式为______________。

【试题答案】

1. $2NH_3+ClO^-=N_2H_4+Cl^-+H_2O$　−3价的N　$2N_A$　**2.** B　**3.** 联氨与水分子之间能形成分子间氢键$(N_2H_5)_2SO_4$、$N_2H_5HSO_4$　$N_2H_6^{2+}+H_2O\rightleftharpoons N_2H_5^+\cdot H_2O+H^+$、$N_2H_5^+\cdot H_2O+H_2O\rightleftharpoons N_2H_4\cdot 2H_2O+H^+$　=　**4.** $N_2H_4(l)+O_2(g)=N_2(g)+2H_2O(l)$　$\Delta H=-621.74$ kJ·mol^{-1}　**5.** <　$K_{sp}=[Ag^+][N_3^-]$　**6.** B　**7.** −790.24　$H_2O_2+2e^-=2OH^-$

【素材来源】

[1] 项斯芬，严宣申，曹庭礼，等．无机化学丛书：第4卷[M]．典藏版．北京：科学出版社，2018.

[2] 宋春玲．水合肼法制备硫酸肼的研究[J]．山西化工，2007，27(6)：6-7.

【创编试题11】CO_2捕集与碳中和

我国力争在2060年达到“碳中和”，CO_2的捕集与资源化利用是当前众多化学工作者研究的重点内容。

化学吸收法捕集CO_2及产业化对于“碳中和”具有重要作用。

1. CO_2分子的极性和CO_2分子中心原子的杂化方式分别是_____。

A. 极性；sp杂化　　B. 极性；sp^3杂化

C. 非极性；sp杂化　　D. 非极性；sp^3杂化

2. (1) 在工业上，通常选用热KOH溶液来吸收CO_2，发生反应的离子方程式为____。

(2) 表1为KOH与单乙醇胺(MEA)的市售价格，请结合表1综合评价使用热KOH溶液吸收CO_2的优点与缺点。

____

____

表1

吸收剂	KOH	单乙醇胺(MEA)
每千克价格/元	69	9

单乙醇胺(MEA)溶液是常用的有机胺吸收剂。单乙醇胺溶液的优势在于吸收快且成本低廉，因此在工业界获得广泛应用。其吸收CO_2的工业流程如图1所示。烟气为主要含有CO_2的工业废气。

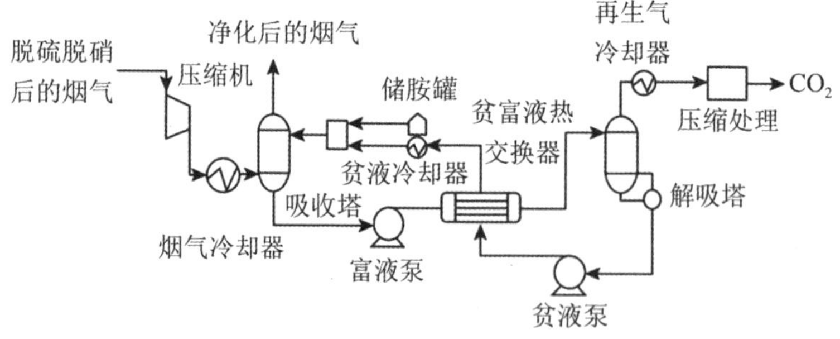

图1

主要反应原理为：$CO_2(aq)+2HOCH_2CH_2NH_2(aq) \rightleftharpoons HOCH_2CH_2NH_3^+(aq)+HOCH_2CH_2NHCOO^-(aq)\quad \Delta H<0$。

3. 将脱硫脱硝后的烟气先通过压缩机的作用是______________________________。

4. 若在一密闭容器中，一定量CO_2与单乙醇胺进行以上反应，其化学平衡常数K与温度T的关系如表2所示。试比较K_1、K_2的大小，K_1_____(填“>”“<”或“=”)K_2。

表2

T/℃	20	30
K	K_1	K_2

5. (1) MEA溶液在三个温度下单位时间内对CO_2的吸收量如图2所示。请解释为何CO_2吸收量随温度变化呈现以上趋势。

____

____

____

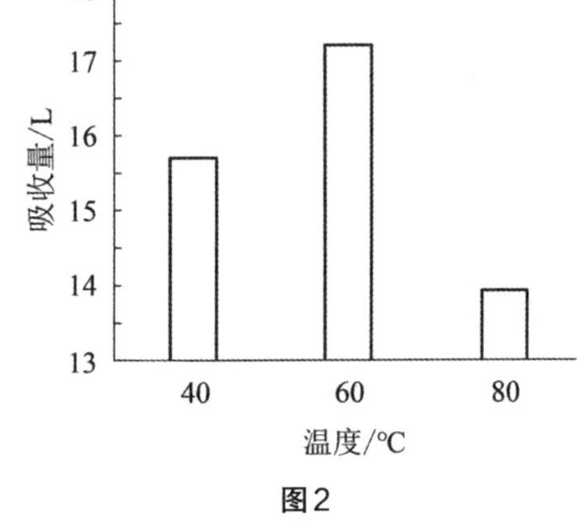

图2

(2) 而在实际生产工艺中，控制烟气温度为40 ℃，原因是________________________。

6. 关于MEA吸收CO_2的说法，错误的是______。

A. 吸收塔的条件与解吸塔的相同

B. CO_2在此过程中循环使用

C. 吸收塔单乙醇胺与烟气进料口位置不能交换

D. 增大吸收塔内压强，降低解吸塔温度，提高CO_2的捕获率

已知：反应①$CH_4(g)+CO_2(g) \rightleftharpoons 2CO(g)+2H_2(g)$　$\Delta H_1=+247\ kJ\cdot mol^{-1}$；

反应②$2CH_4(g)+O_2(g) \rightleftharpoons 2CO(g)+4H_2(g)$　$\Delta H_2=-71\ kJ\cdot mol^{-1}$。

7. 反应③$2CO_2(g) \rightleftharpoons 2CO(g)+O_2(g)$的$\Delta H_3$=__________，该反应在______(填“高”或“低”)温下具有自发性。反应①与反应②的平衡常数分别为K_1、K_2，反应③的平衡常数K_3=__________(用含有K_1、K_2的式子表示)。

8. 恒温条件下，在一恒容密闭容器内充入2 mol CH_4和1 mol O_2进行反应②，下列说法正确的是______。

A. 当容器内气体的平均相对分子质量不变时，反应达到平衡

B. 当$c(CO):c(H_2)=1:2$时，反应达到平衡

C. 在恒温恒容的平衡体系中充入Ar气，H_2的产率提高

D. 使用催化剂,反应物的平衡转化率不变

科学家已成功将二氧化碳合成淀粉,这让化解粮食危机成为了可能。人工合成淀粉的第一步是先将二氧化碳转化为甲醇,生成的甲醇氧化为甲醛,再通过甲醛酶合成三碳糖,再合成六碳糖,最后借助高能量物质ADP与ATP将葡萄糖转化为淀粉。此方法是植物合成淀粉效率的8.5倍。

9. 科学家采用金属钌等作催化剂,将从空气中捕获的CO_2直接转化为甲醇,其转化原理如图3所示。该过程总反应的化学方程式为________________________。

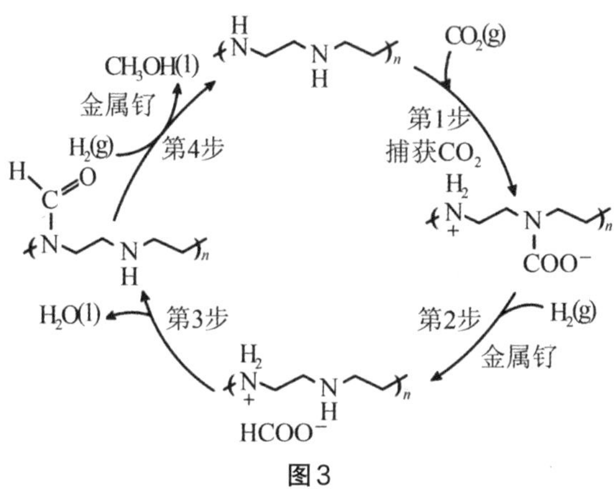

图3

10. 检验是否成功合成淀粉的方法是______________________________。

【试题答案】

1. C　**2.** (1) $2OH^-+CO_2 = CO_3^{2-}+H_2O$、$OH^-+CO_2 = HCO_3^-$　(2) 优点:吸收效率高;缺点:成本高。　**3.** 增大CO_2在水中溶解度,使平衡正向移动,有利于CO_2的吸收　**4.** >　**5.** (1) 40~60 ℃,温度升高,反应加快,CO_2吸收量增大;60~80 ℃,温度升高,反应逆向进行程度大,吸收量减少;40 ℃时吸收量已经较高,节约工艺成本,降低能耗。　**6.** AB　**7.** +565 kJ·mol^{-1}　高　K_1^2/K_2　**8.** AD　**9.** $CO_2+3H_2 \xlongequal{催化剂} CH_3OH+H_2O$　**10.** 取样,加入碘水,若溶液变蓝色,则有淀粉生成;反之,则无淀粉生成

【素材来源】

沈海燕,李芳芹,任建兴,等. 化学吸收法捕集二氧化碳的研究进展[J]. 无机盐工业,2024(4):1-13.

【创编试题12】碳酸钾的生产工艺

K_2CO_3是一种重要的无机化工原料，广泛应用于光学、医药、电焊、食品、农业等领域。K_2CO_3的生产方法主要有电解碳化法和离子交换法等。

电解饱和氯化钾溶液，得到氢氧化钾。然后通入CO_2碳化，得碳酸氢钾结晶。晶体经水洗、离心分离、煅烧后，就可以得到精制的碳酸钾成品。

1. 补全电解碳化法工艺中所涉及的化学方程式。

（1）____。

（2）$KOH+CO_2 = KHCO_3$。

（3）____。

2. 电解饱和氯化钾溶液的装置如图1所示，下列说法中正确的是__________。

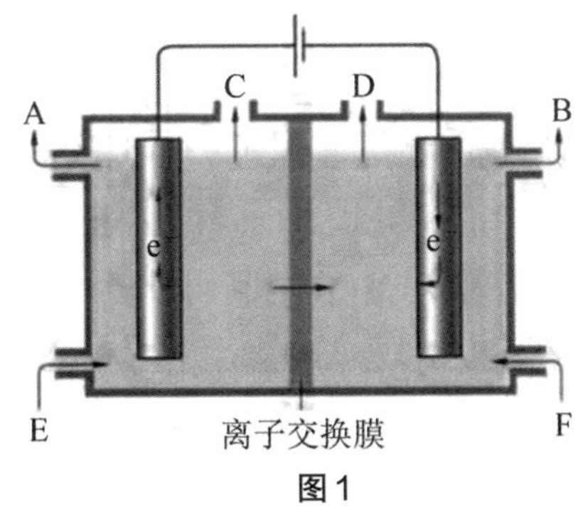

图1

A. 该离子交换膜是负离子交换膜

B. 气体D可使湿润的淀粉KI试纸变蓝色

C. 生成气体的总体积为44.8 L(标准状况)，理论上外电路需要转移2 mol电子

D. 流出液A和补充液E中溶质相同，浓度不同

以NH_4HCO_3和KCl为原料，以正离子交换树脂作为交换介质，实现K^+和NH_4^+的交换，得到碳酸氢钾溶液和副产品氯化铵溶液。工艺流程简图如下：

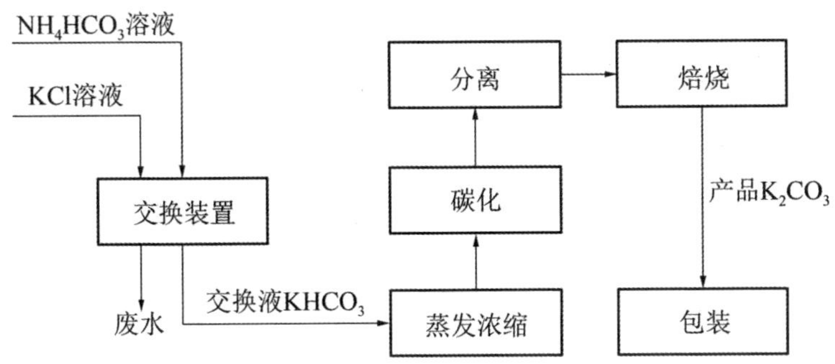

交换过程：$R—K^+ + NH_4HCO_3 \rightleftharpoons R—NH_4^+ + KHCO_3$。

碳化过程：$K_2CO_3 + H_2O + CO_2 === 2KHCO_3$。

3. 下列原料NH_4HCO_3溶液中的微粒关系中正确的是______。

A. $[NH_4^+]+[H^+]=[HCO_3^-]+[CO_3^{2-}]+[OH^-]$

B. $[NH_4^+]=[HCO_3^-]+[CO_3^{2-}]+[H_2CO_3]$

C. $[H^+]+[H_2CO_3]=[OH^-]+[NH_3·H_2O]+[CO_3^{2-}]$

D. $[H^+]+[H_2CO_3]=[OH^-]+[CO_3^{2-}]$

4. 通过计算，判断常温下NH_4HCO_3溶液的酸碱性（写出计算过程）。已知：25 ℃时，$K_b(NH_3·H_2O)=1.8\times10^{-5}$，$K_{a1}(H_2CO_3)=4.5\times10^{-7}$，$K_{a2}(H_2CO_3)=4.7\times10^{-11}$。

____

5. 交换树脂对K^+的选择性强于NH_4^+，根据平衡移动原理，为加快交换过程反应速率且提高$KHCO_3$产率，可采取的措施是________________________________。

6. 交换液中常含有大量未反应的NH_4HCO_3，从而造成原料NH_4HCO_3的浪费；且“分离”步骤得到的母液中常含有少量$KHCO_3$。请优化上述流程图（用箭头和必要的文字在流程图中注明），以提高NH_4HCO_3的利用率和$KHCO_3$的产率。

7. 本流程中蒸发浓缩操作温度较高，蒸发过程中$KHCO_3$就能部分分解为产品K_2CO_3，碳化步骤_____（填“能”或“不能”）省略，原因是________________________

____。

（已知20 ℃下，K_2CO_3的溶解度为111 g，$KHCO_3$的溶解度为21.7 g）

8. 对比电解法的优缺点，生产$KHCO_3$主要采用离子交换法，可能的原因是____

____。

离子交换法除生产碳酸钾外，还可以用于生产硫酸钡，离子方程式如下：$BaCO_3(s)+SO_4^{2-}(aq) \rightleftharpoons BaSO_4(s)+CO_3^{2-}(aq)$。已知：298.15 K时，$K_{sp}(BaCO_3)=2.58\times10^{-9}$，$K_{sp}(BaSO_4)=1.08\times10^{-10}$。

一般来说，如果一个反应的平衡常数大于10^5，通常认为该反应可以进行得较完全；相反，如果一个反应的平衡常数小于10^{-5}，则认为该反应进行的程度非常小。

9. 通过反应平衡常数的计算，说明上述沉淀的转化是否可以实现。（写出计算过程）

____

10. 为提高硫酸钡产率，根据下页的四个曲线图，最优反应条件是__________。

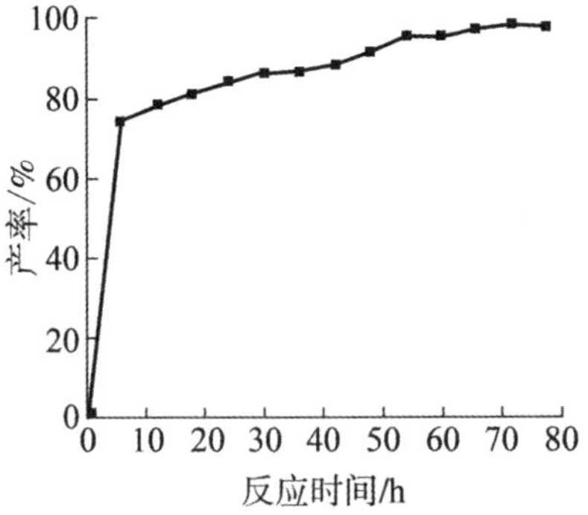

图2

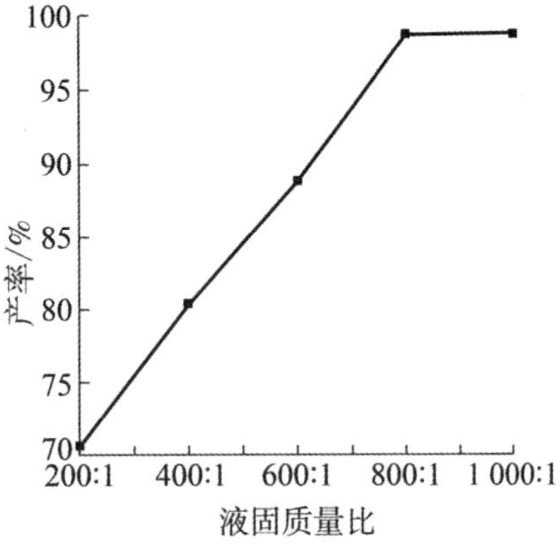

图3

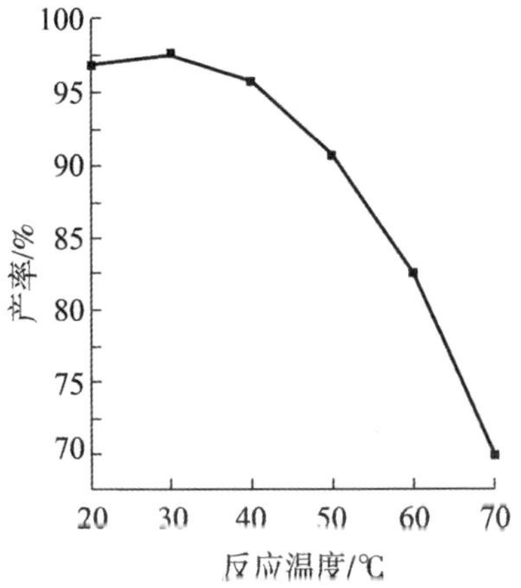

图4

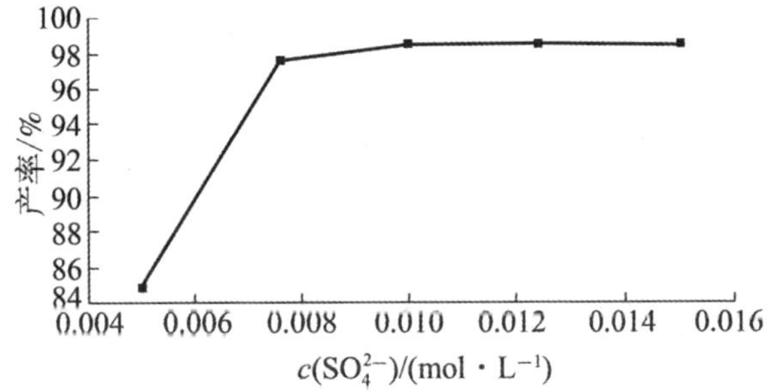

图5

序号	反应温度/℃	反应时间/h	液固质量比	$c(SO_4^{2-})/(mol\cdot L^{-1})$
A	20	80	600∶1	0.005
B	30	70	800∶1	0.075
C	40	70	1 000∶1	0.075
D	50	70	1 000∶1	0.010

【试题答案】

1.（1）$2KCl+2H_2O\xlongequal{通直流电}2KOH+Cl_2\uparrow+H_2\uparrow$　（3）$2KHCO_3\xlongequal{\triangle}K_2CO_3+CO_2\uparrow+H_2O$　**2.** CD　**3.** C　**4.** 碳酸氢铵溶液呈碱性。$K_{a2}(H_2CO_3)=4.7\times10^{-11}$，$K_h(HCO_3^-)=$

$\frac{K_w}{K_{a1}(H_2CO_3)}=\frac{10^{-14}}{4.5\times10^{-7}}\approx2.2\times10^{-8}>4.7\times10^{-11}$，故 HCO_3^- 水解程度大于电离程度，以水解为主；$K_h(NH_4^+)=\frac{K_w}{K_b(NH_3\cdot H_2O)}=\frac{10^{-14}}{1.8\times10^{-5}}\approx5.6\times10^{-10}$，$K_h(HCO_3^-)>K_h(NH_4^+)$，$HCO_3^-$ 水解显碱性，NH_4^+ 水解显酸性，HCO_3^- 水解程度大于 NH_4^+ 水解程度，故溶液呈碱性。**5.** 提高 NH_4^+ 的浓度　**6.**（见下图）

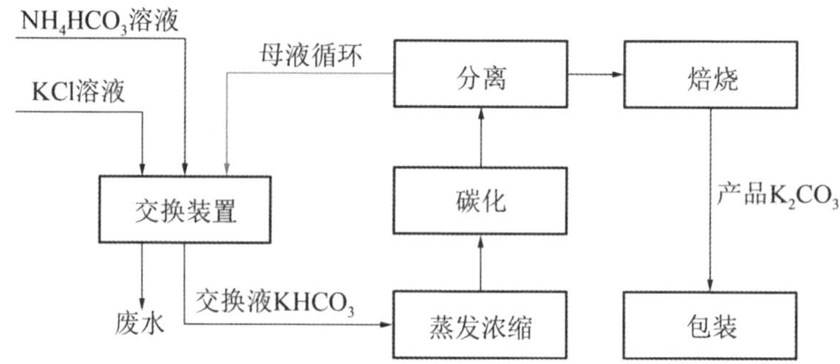

7. 不能　蒸发过程中 K_2CO_3 在水中的溶解度远远大于 $KHCO_3$ 在水中的溶解度，为了使母液中 K^+ 析出更多，需要先生产出中间产品 $KHCO_3$，故需要先碳化，而后经焙烧得产品 K_2CO_3　**8.** 电解法产品质量较好，但生产能耗太高；离子交换法可以增值降耗　**9.** $K=\frac{c(CO_3^{2-})}{c(SO_4^{2-})}=\frac{K_{sp}(BaCO_3)}{K_{sp}(BaSO_4)}=\frac{2.58\times10^{-9}}{1.08\times10^{-10}}\approx23.9>10^{-5}$，说明该条件下反应可以进行，沉淀的转化可以实现。　10. B

【素材来源】

[1] 侯秋实，王洪记. 离子交换法生产碳酸钾工艺的技改与革新[J]. 无机盐工业，1997(1)：34-36.

[2] 高庆才，王金印，田占吉，等. 离子交换法生产碳酸钾交换工艺的改进[J]. 天津化工，1994(2)：35-37.

[3] 张鹏，张煜，段江飞，等. 离子交换法合成硫酸钡的研究[J]. 无机盐工业，2020，52(5)：40-44.

【创编试题 13】CO_2 还原技术

CO_2 还原是目前国际空间站 CO_2 处理的一个重要环节。CO_2 还原技术可对人体代谢产生的 CO_2 进行处理，还可与电解水技术结合实现氧气的再生。空间站所采用的 CO_2 还原技术包括Sabatier还原法、Bosch还原法等。

Sabatier还原法主反应：①$CO_2(g)+4H_2(g) \rightleftharpoons CH_4(g)+2H_2O(g)$ ΔH_1。

副反应：②$CO_2(g)+H_2(g) \rightleftharpoons CO(g)+H_2O(g)$ $\Delta H_2=41.2\ kJ\cdot mol^{-1}$受温度影响较大。

1. 已知常压下$H_2O(l) = H_2O(g)$ $\Delta H_3=40.8\ kJ\cdot mol^{-1}$，燃烧焓$\Delta H(H_2)=-286\ kJ\cdot mol^{-1}$，$\Delta H(CH_4)=-891\ kJ\cdot mol^{-1}$，则主反应①的焓变$\Delta H_1=$_____。

2. 关于主反应①的下列说法中，不正确的是_____。

A. 既断裂了极性共价键，又断裂了非极性共价键

B. 氧化剂与还原剂物质的量之比为1∶4

C. 恒温压缩容器体积，增大体系压强，逆反应速率先增大后减小

D. 升温能增大活化分子百分数，增加有效碰撞次数，提高化学反应速率

3. 下图是常压下CO_2和H_2按体积比1∶4的投料比时，发生主反应①和副反应②平衡时各物质的物质的量分数。结合化学方程式，CO_2平衡时物质的量分数先增大后减小的原因是______________________________________。

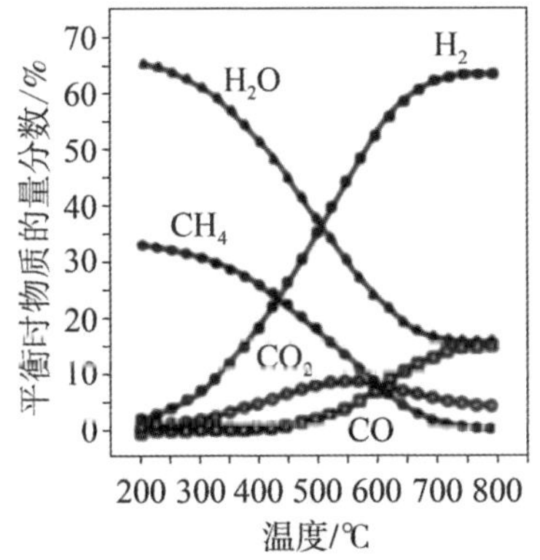

Bosch还原法主反应：③ $CO_2(g)+2H_2(g) \rightleftharpoons 2H_2O(g)+C(s)$ $\Delta H=-90\ kJ\cdot mol^{-1}$。

4. 反应③的化学平衡常数表达式为________________________________。

5. 在空间站进行反应③时，下列措施可提高CO_2的平衡转化率的是______。

A. 适当加压　　　　　　　　　　B. 增大炭的表面积

C. 适当降低温度　　　　　　　　D. 提高原料气中CO_2所占比例

6. 恒温条件下，下列一定能判断反应③已达化学平衡状态的是______。

A. $v_{正}(CO_2) = 2v_{逆}(H_2)$

B. 恒容条件下，气体的密度不再变化

C. 混合气体中$c(H_2)$与$c(CO_2)$之比不变

D. 恒容条件下，气体的压强不再变化

7. (1) 若反应③的正反应活化能为E_a($kJ \cdot mol^{-1}$)，则逆反应的活化能为______ $kJ \cdot mol^{-1}$。

(2) 对该反应的自发性进行判断并说明理由。

____

____

(3) 该反应须在高温下才能进行的原因是____。

8. 从原子利用率的角度，说明Bosch还原法相比Sabatier还原法的优点是____。

【试题答案】

1. $-171.4\ kJ \cdot mol^{-1}$ **2.** C **3.** 温度较低，主要发生主反应①，随着温度升高，主要发生副反应② **4.** $K=\dfrac{c^2(H_2O)}{c(CO_2) \cdot c^2(H_2)}$ **5.** AC **6.** BD **7.** (1) E_a+90 (2) $\Delta H=-90\ kJ \cdot mol^{-1}<0$，$\Delta S<0$(反应后气体分子数减少)，根据综合判据$\Delta H-T \cdot \Delta S<0$可知，该反应在$T<-\dfrac{90}{\Delta S}$的条件下自发进行；$T=-\dfrac{90}{\Delta S}$反应达到平衡状态；$T>-\dfrac{90}{\Delta S}$反应不能自发进行。 (3) 活化能较大，环境对系统须提供较大能量 **8.** Bosch还原法中H_2完全转化成水，原子利用率高；Sabatier还原法，有一部分氢原子转化为CH_4，后续水电解时，须补充氢元素，原子利用率较低

【素材来源】

[1] 宋鹏飞，侯建国．二氧化碳甲烷化在载人航天器再生式环控生保系统中的应用[J]．空间科学学报，2017(6)：717-723.

[2] 史乔升，杨春信．载人航天CO_2还原技术的发展与选择[J]．航天医学与医学工程，2014(6)：463-468.

【创编试题14】合成氨的工艺

合成氨技术的发展改变了世界粮食生产的历史，体现了化学科学与技术的不断进步。

1. 1754年，Briestly加热硇砂和熟石灰，第一次制出了氨。硇砂的主要成分为NH_4Cl，此反应的化学方程式为____。

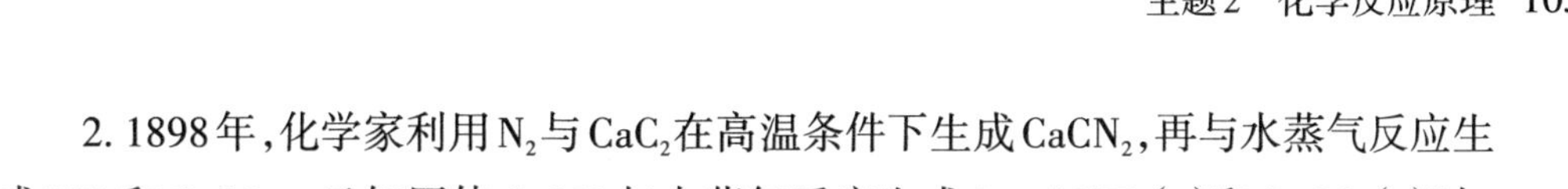

2. 1898年，化学家利用N_2与CaC_2在高温条件下生成$CaCN_2$，再与水蒸气反应生成NH_3和$CaCO_3$。已知固体$CaCN_2$与水蒸气反应生成2 mol $NH_3(g)$和$CaCO_3(s)$时，放出330.93 kJ的热量。$CaCN_2$与水蒸气反应的热化学方程式为________________。

19世纪末英国William Crookes提出，通过化学方法可把空气中的氮气转化为氮肥。1913年世界上第一座合成氨装置投产，这是化学工业的一个划时代的丰碑。合成氨的反应为：$3H_2(g)+N_2(g) \rightleftharpoons 2NH_3(g)$，$\Delta H=-92.44\ kJ\cdot mol^{-1}$，$\Delta S=-200\ J\cdot mol^{-1}\cdot K^{-1}$。

3. 依据Haber合成氨的方法，判断常温下此反应____（填“能”或“不能”）自发进行，通过计算说明理由。

____

4. 试从N_2分子结构角度分析，常温下工业合成氨难以进行的原因是__________

____。

5. Mittasch发现最好的催化剂是一个多组分的混合催化剂——铁催化剂，现在依然被广泛使用。合成氨的历程和能量的变化如图1所示。

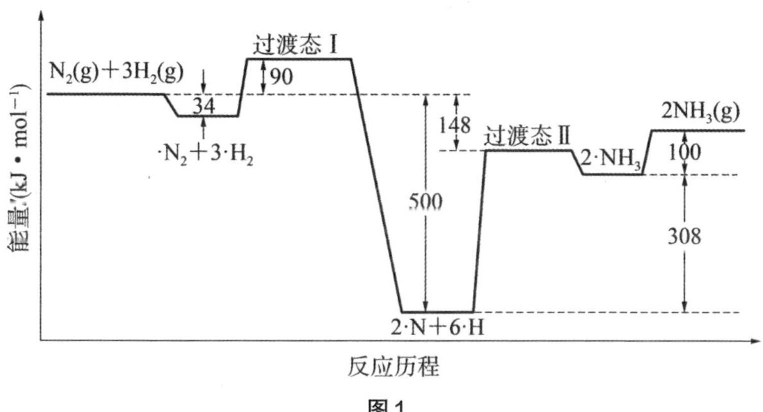

图1

催化剂在合成氨中的作用是________________________；合成氨过程中，控速步骤的基元反应表示为______________；控速步骤的活化能为________ $kJ\cdot mol^{-1}$。

科学家研制出锂嵌入铁修饰二氧化钼纳米片催化剂（$Fe\text{-}MoO_{2-x}/Li$），是一种全新二维$Fe\text{-}MoO_{2-x}/Li$超薄纳米片材料。这种材料使合成氨起始温度大幅降低约100~150 K，其催化机理如图2所示。

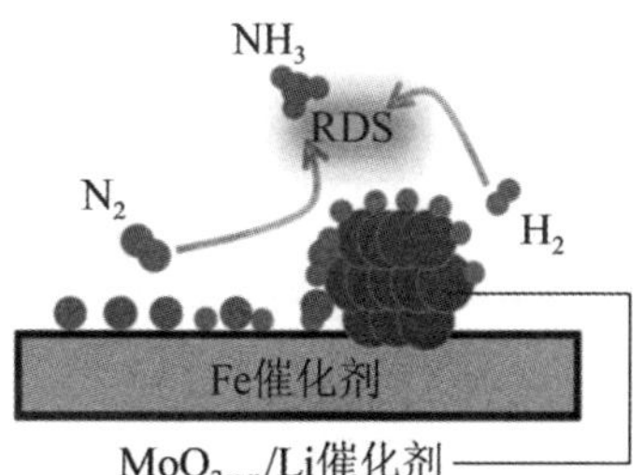

图2

6. 根据图2所示，下列说法中错误的是_____。

A. N_2与H_2分子扩散到催化剂表面，其熵变$\Delta S<0$

B. N_2分子在催化剂表面既断裂了σ键又断裂了π键，此过程需从环境中吸收热量

C. N原子与H原子在催化剂表面形成空间结构为平面三角形的氨气分子，此过程放热

D. NH_3分子从催化剂表面脱附，此过程熵变$\Delta S>0$

7. 传统合成氨采用铁催化剂，其反应温度通常在400~500 ℃，而采用$Fe-MoO_{2-x}/Li$催化剂合成氨时显著的优势是______________________________。

【试题答案】

1. $2NH_4Cl + Ca(OH)_2 \xlongequal{\triangle} CaCl_2 + 2NH_3\uparrow + 2H_2O$ **2.** $CaCN_2(s)+3H_2O(g) \xlongequal{} 2NH_3(g)+CaCO_3(s)$ $\Delta H=-330.93\ kJ\cdot mol^{-1}$ **3.** 能；根据$\Delta H-T\cdot\Delta S=-92.44-298\times(-0.2)=-92.44+59.6=-32.84\ kJ\cdot mol^{-1}<0$，常温下反应能自发进行 **4.** N≡N键能很大，断键需要消耗的能量很高 **5.** 降低反应的活化能，增大反应速率 $2\cdot N+6\cdot H=2\cdot NH_3$ 352 **6.** C **7.** 降低催化温度，减少能耗

【素材来源】

刘化章. 合成氨工业:过去、现在和未来——合成氨工业创立100周年回顾、启迪和挑战[J]. 化工进展，2013，32(9)：1995-2005.

【创编试题15】氢的综合利用

氢能是发展中的新能源，高纯氢的制备是目前的研究热点，包括氢的制备、储存和应用三个环节。

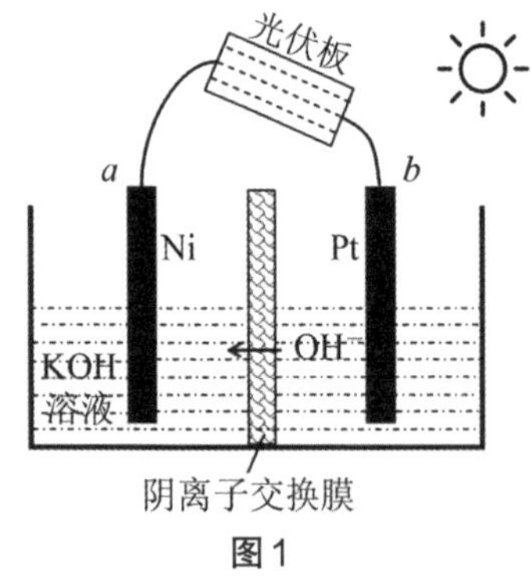

图1

氢的制备方法一：光伏电催化制氢（图1），将光伏发电和电解水结合的一种可再生能源制氢方式。

1. 光伏电催化制氢的能量变化：_____能→_____能→_____能。

2. a电极为____极，该电极的电极反应式为_____________，若电解过程中转移了0.2 N_A电子，则会产生_____L H_2(标准状况)。

氢的制备方法二：甲醇蒸气重整制氢，存在以下反应。

① 甲醇分解反应：$CH_3OH(g) \rightleftharpoons CO(g)+2H_2(g)$ $\Delta H_1=+90.7\ kJ\cdot mol^{-1}$。

② 水蒸气变换反应：$CO(g)+H_2O(g) \rightleftharpoons CO_2(g)+H_2(g)$ $\Delta H_2=-41.2\ kJ\cdot mol^{-1}$。

③ 甲醇蒸气重整：$CH_3OH(g)+H_2O(g) \rightleftharpoons CO_2(g)+3H_2(g)$ ΔH。

3. 反应③的ΔH=______$kJ\cdot mol^{-1}$，反应③为______（填“吸热”或“放热”）反应，该反应的化学平衡常数表达式为______________________。

4. 设在某容积为1.0 L的密闭容器中发生反应③。

（1）以$n(CH_3OH):n(H_2O)=1:2$投料，反应开始时体系压强为p_1，在一定条件下达到平衡时，体系压强为p_2，且$p_1:p_2=3:4$，则该条件下CH_3OH的平衡转化率为____。

（2）其他条件不变，若$\dfrac{n(CH_3OH)}{n(H_2O)}$增大，则$CH_3OH$的平衡转化率______（填“增大”“不变”或“减小”）。

氢的储存：储氢材料能可逆地大量吸放氢，在氢的储存与输送过程中是一种重要载体。硼氢化钠（$NaBH_4$）是一种高效储氢材料。

5. $NaBH_4$在碱性溶液中、催化剂存在下水解放氢，并且产生偏硼酸钠（$NaBO_2$），该反应的化学方程式为______________________。

6. $NaBH_4$的水解反应速率与$NaBH_4$水溶液的温度以及pH的关系如下表所示。（半衰期指$NaBH_4$水解一半所用的时间）

实验序号	1	2	3	4	5	6	7	8	9
温度/K	273	273	273	288	288	288	293	293	293
pH	5	7	10	5	7	10	5	7	10
半衰期/min	4.35×10^{-3}	0.43	434.51	1.34×10^{-3}	0.13	134.28	9.08×10^{-4}	0.09	90.78

（1）由表可知，$NaBH_4$水解反应速率随温度的升高而______（填“增大”或“减小”），随pH的增大而______（填“增大”或“减小”）。

（2）在配制$NaBH_4$溶液时，为防止其水解，可以加入少量_____。

A. NaCl　　B. HCl　　C. NaOH　　D. KOH

氢的应用：氢气常用来还原高纯金属材料。利用氢还原可制取高纯度超细钴粉。其反应历程如下：

第一步：$CoSO_4+2NaOH \xlongequal{催化剂} Co(OH)_2+Na_2SO_4$。

第二步：$Co(OH)_2+H_2 \xlongequal{加热、加压} Co+2H_2O$。

7. 温度对反应时间以及钴粉颗粒大小(中位粒径D50)影响如图2所示，实际生产中的温度为180 ℃，选择该温度的原因是____。

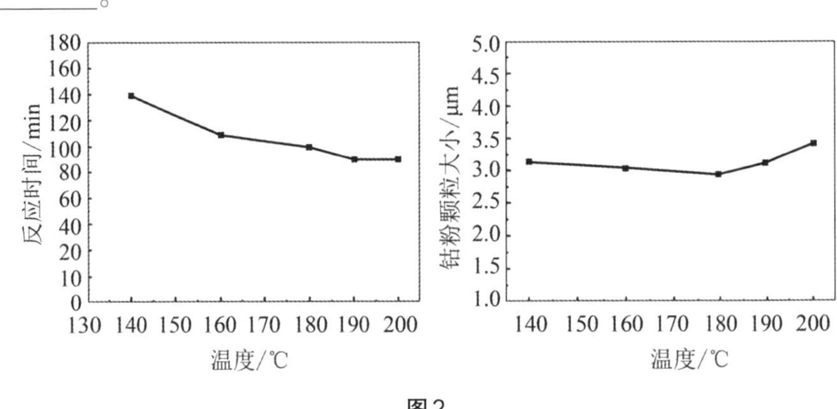

图2

8. 氢气除了可以还原高纯度金属材料外，还有哪些用途？(举两例)

____

____

【试题答案】

1. 太阳(光) 电 化学 **2.** 阳 $4OH^--4e^- = O_2\uparrow+2H_2O$ 2.24 **3.** 49.5 吸热 $K=\frac{[CO_2]\cdot[H_2]^3}{[CH_3OH]\cdot[H_2O]}$ **4.** (1) 50% (2) 减小 **5.** $NaBH_4+2H_2O \xlongequal{催化剂} NaBO_2+4H_2\uparrow$ **6.** (1) 增大 减小 (2) C **7.** 在该温度下，钴粉颗粒最小且反应较快 **8.** 清洁燃料、工业原料、人造奶油等。(写两例)

【素材来源】

[1] 欧阳述昕，高云翔，范塬媛，等. 双碳之光——利用光化学制氢实现“双碳”目标的希望之光[J]. 大学化学，2023，38(X)：1-11.

[2] 韩力，杨占兵，张婧，等. 用于甲醇蒸气重整制氢的钯合金膜反应器的研究与进展[J]. 稀有金属，2023，47(10):1412-1426.

[3] 郭茂文. 硼氢化钠催化水解放氢性能的研究[D]. 西安：长安大学，2017.

[4] 昝林寒. 氢还原法制备超细钴粉研究[D]. 昆明：昆明理工大学，2010.

主题3　化学实验

【创编试题16】金属的腐蚀与防护

铁元素在人类生活中扮演着重要的角色。钢铁的腐蚀给社会带来了巨大的经济损失。因此，探究金属腐蚀的原理和如何进行防护尤为重要。

在铁片上滴加食盐水、酚酞、铁氰化钾的混合溶液。铁氰化钾溶液用于检验溶液中的Fe^{2+}，铁氰化钾遇到Fe^{2+}会产生蓝色沉淀。前90 s的情况如图1所示，90 s时，液滴外层呈红色，内层有蓝色沉淀。

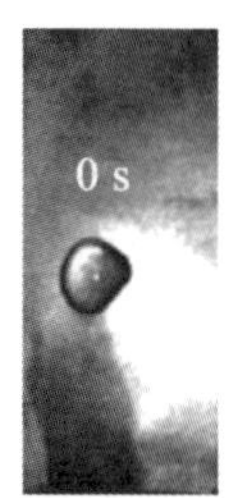

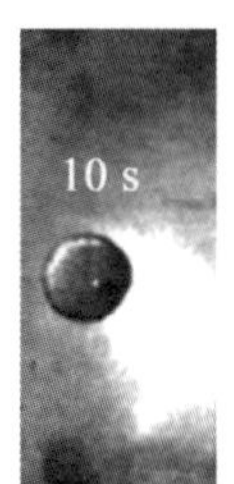

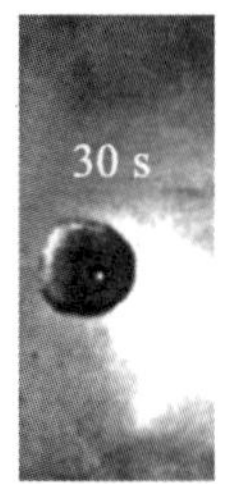

图1　铁片的腐蚀实验

1. 图2为该液滴的腐蚀示意图，结合实验现象，液滴中心A点有______离子生成，外层B点发生的电极反应式为____________________________。

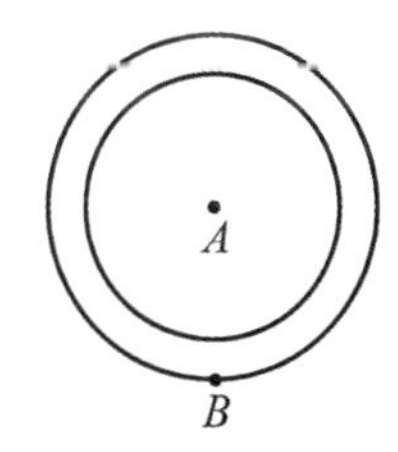

图2　腐蚀示意图

2. 从实验现象分析，铁片上主要发生了______（填“析氢”或“吸氧”）腐蚀，图2中______（填“A”或“B”）处的含氧量较低，因此作为______（填“正”或“负”）极被腐蚀。

3. 为了进一步探究电化学腐蚀，某小组同时使用气体压强传感器和氧气浓度传感器，测定铁粉在pH=2的饱和氯化钠溶液中发生腐蚀时实验装置中压强和氧气浓度的变化，所得的曲线如图3所示。

(1) 由图3(a)可知，整个反应过程一直在发生着______腐蚀。

(2) 由图3(b)可知，反应过程中______（填“存在”或“不存在”）析氢腐蚀。

(3) 从压强-时间曲线看，曲线大致可分为三个阶段，发生AB段曲线的原因

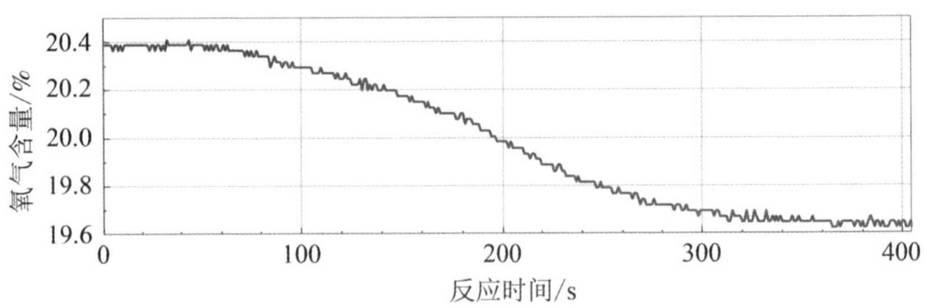

(a) 氧气含量-时间曲线

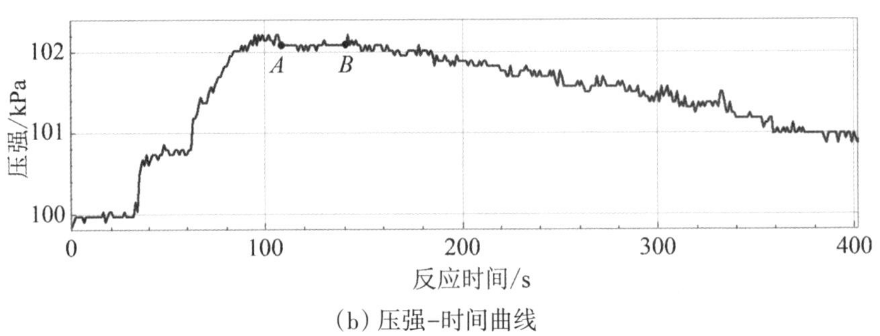

(b) 压强-时间曲线

图3 金属腐蚀的压强/氧气含量-时间曲线

是____。

4. 以下属于金属的电化学防护的是______。

A. 陕西历史博物馆馆藏的鎏金铁芯铜龙，铁质内芯，青铜龙身，通体鎏金，至今栩栩如生

B. 港珠澳大桥的桥梁钢构件表面喷涂环氧树脂涂层

C. 大型自来水管管道周围，每隔几米预埋锌块与管道导线相连接

D. 越王勾践剑的剑身上被镀上了一层含铬的金属，千年不锈

5. 挂片法是将已知质量的金属试样放入腐蚀系统中，经过一定的暴露期后，取出、清洗、称重，根据试样质量变化测出平均腐蚀速度。东海大桥采用了电化学保护法(外接锌片)保护桥墩钢桩。科研人员对不同部位钢桩挂片取样研究，电化学保护(保护挂片)和绝缘腐蚀(腐蚀挂片)的情况如下页表所示。

请从电化学的角度解释腐蚀挂片与保护挂片腐蚀速率上的差异。

____

6. 电化学腐蚀在生活中也有积极的作用，如可以用于自热火锅的自热包和暖宝宝。请结合生活实际，曲线______为自发热包，理由是________________________

____。

钢桩保护情况(a表示年)

部位	腐蚀挂片平均腐蚀速率/($mm\cdot a^{-1}$)	保护挂片平均腐蚀速率/($mm\cdot a^{-1}$)	保护度/%	安装位置
上	0.039 5	0.002 1	94.68	潮差段
中	0.029 9	0.001 4	95.32	全浸段
下	0.031 8	0.001 5	95.28	泥线上

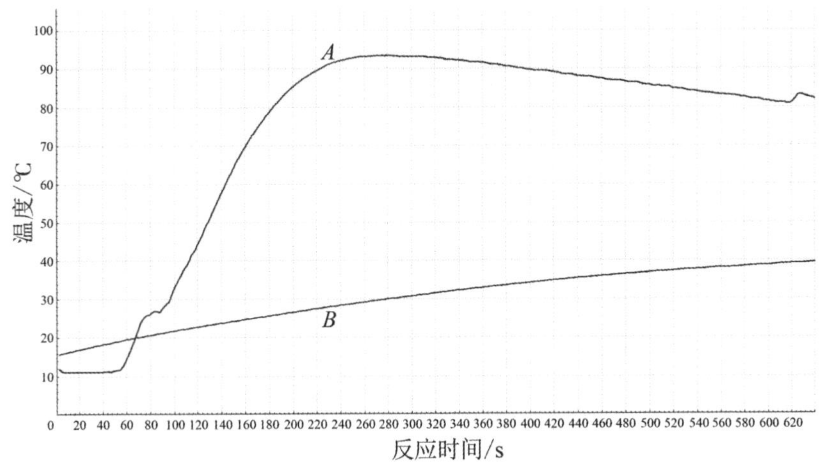

图4 自热包和暖宝宝的温度-反应时间曲线

【试题答案】

1. Fe^{2+} $O_2+2H_2O+4e^- \xlongequal{} 4OH$ **2.** 吸氧 *A* 负 **3.** (1) 吸氧 (2) 存在 (3) *AB*段中析氢腐蚀与吸氧腐蚀同时存在,析氢腐蚀放出氢气的物质的量与吸氧腐蚀吸收氧气的物质的量基本相同(或者析氢腐蚀与吸氧腐蚀产生的影响基本相同) **4.** C **5.** 腐蚀挂片的腐蚀速率大于保护挂片的腐蚀速率。保护挂片与锌片组成了原电池,锌片作为负极发生氧化反应,从而释放电子,以保护挂片金属不受腐蚀 **6.** *A* 自热包需要在短时间内放出大量热,曲线*A*的最高温度为90 ℃,且温度持续十多分钟在70 ℃以上,以达到加热食物的目的;暖宝宝需要持续提供热量,且温度不能过高,以免形成烫伤,曲线*B*的最高温度为40 ℃,且持续发热时间较持久

【素材来源】

[1] 李艳,何彩霞. 融合数字化实验与常规实验,促进学生认知发展——以“金属的电化学腐蚀”教学为例[J]. 化学教与学(下半月刊),2022(9):6-11.

[2] 施志斌,杨上兴,林品增. 数码技术在金属电化学腐蚀教学中的应用[J].

化学教育,2020,41(19):70-74.

[3] 左金鑫,何彩霞,贾同改. 依据学科知识本质解决实际问题——以高三化学“金属的电化学腐蚀”复习课为例[J]. 教育与装备研究,2017(11):26-31.

[4] QB/T 4903—2016,暖贴[S].

[5] T/CST 3-2020,食品用发热包[S].

【创编试题17】硫酸铜晶体结晶水含量的测定

硫酸铜晶体结晶水含量的测定是高中化学重要的定量实验之一。

1. 图1为硫酸铜晶体的结构,硫酸铜晶体中微粒间存在的相互作用力有____。

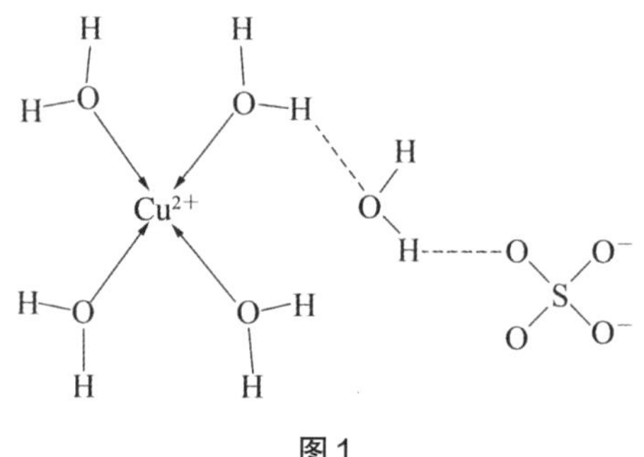

图1

2. 对2.500 g硫酸铜晶体进行加热。图2中__________℃时完全失去结晶水,1 050 ℃时,产物是__________。

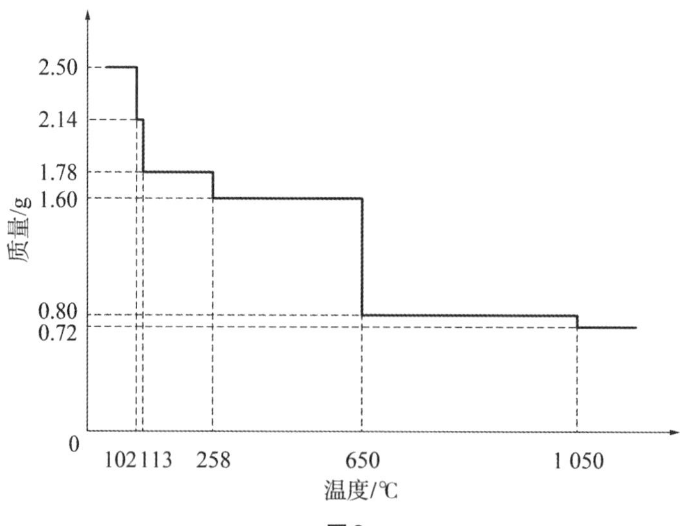

图2

甲同学想通过加热称重的方法测定硫酸铜晶体的结晶水含量，结果发现恒重操作时，重量总是无法恒定，因此甲同学进行研究。将空坩埚用水洗净后加热，发现酒精灯长时间加热后外侧底部容易发黑，对空坩埚用酒精灯加热不同加热时间，再次称重，数据如下表所示。

用酒精灯加热坩埚的恒重数据

实验序号	加热时间			
	4 min	6 min	8 min	10 min
1	21.332 3 g	21.331 7 g	21.332 2 g	21.332 7 g
2	20.871 2 g	20.869 8 g	20.871 3 g	20.872 6 g
3	22.006 5 g	22.006 1 g	22.006 2 g	22.006 8 g
4	27.181 5 g	27.181 2 g	27.181 5 g	27.183 1 g

3. 加热6 min后，坩埚质量增加的原因是________________________；甲同学建议加热时长不超过_____可减少误差，分析4~6 min，坩埚质量减少的可能原因是____。

4. 甲同学改用酒精喷灯作为热源，进行硫酸铜晶体结晶水含量的测定。实验效果不理想，所得的结晶水含量经常偏大。可能的原因是_______________________________________。可以改用以下_____方法或仪器进行加热。

A. 酒精浴　　B. 水浴　　C. 沙浴　　D. 电热套

5. 乙同学认为，除了重量法，分光光度法也可以用于测定结晶水含量。通过称量不同质量的硫酸铜晶体，配制不同浓度的硫酸铜标准溶液，测定其吸光度，最终得到硫酸铜晶体质量-吸光度的标准曲线的函数表达式为A=0.083 58×$m(CuSO_4\cdot nH_2O)$−0.071 55（A为吸光度）；乙同学称取3.807 g无水硫酸铜样品配成100 mL溶液，测得吸光度为0.423，$m(CuSO_4\cdot nH_2O)$= ________（计算结果保留四位有效数字），n=_______。（写出计算过程，计算结果保留一位小数）

碘量法主要包括直接碘量法和间接碘量法。间接碘量法又称为滴定碘法，将I^-与氧化剂反应，定量地析出I_2，然后用还原剂（如硫代硫酸钠）标准溶液滴定析出的I_2，从而测定物质的含量。

6. 丙同学采用碘量法测定硫酸铜晶体样品含量，将硫酸铜晶体样品配成100 mL溶液，取20 mL样品溶液进行滴定，加入20 mL已知浓度的过量KI溶液，并用已

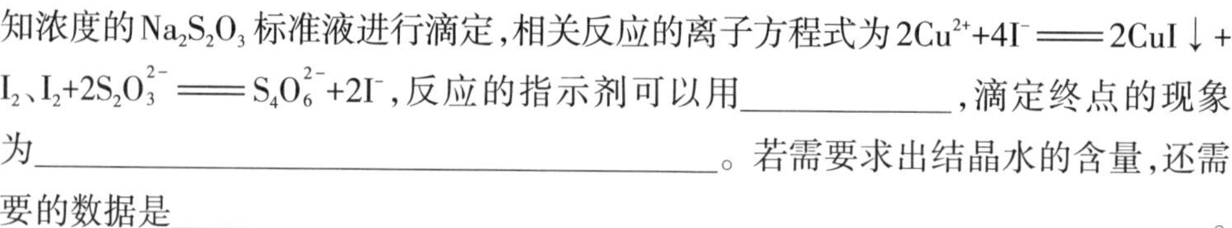

知浓度的$Na_2S_2O_3$标准液进行滴定，相关反应的离子方程式为$2Cu^{2+}+4I^- = 2CuI\downarrow +I_2$、$I_2+2S_2O_3^{2-} = S_4O_6^{2-}+2I^-$，反应的指示剂可以用____________，滴定终点的现象为____________________________________。若需要求出结晶水的含量，还需要的数据是____。

7\. 丁同学采用DIS设备，利用滴数传感器和电导率传感器进行探究。

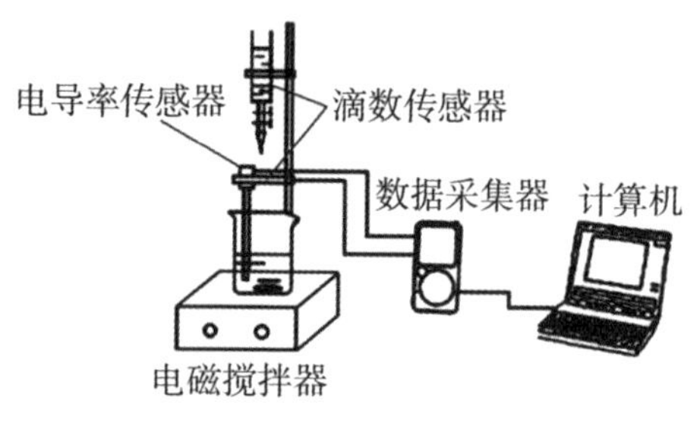

图3　实验装置图

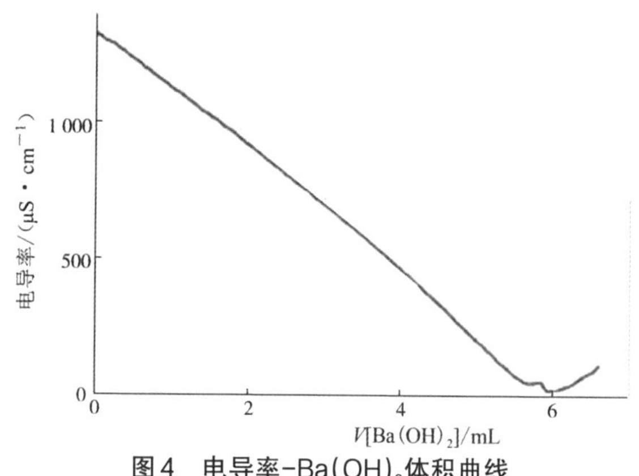

图4　电导率-$Ba(OH)_2$体积曲线

称取硫酸铜晶体样品0.348 g，配成150 mL溶液，用0.227 5 $mol\cdot L^{-1}$的$Ba(OH)_2$溶液滴定，电导率变化如图4所示，6.016 mL时电导率最小，电导率先减小、后增大的原因是____。最终求出结晶水含量n=5.237；则本实验相对误差为____%。

【试题答案】

1. 离子键、共价键（或配位键）、氢键、范德华力　**2.** 258　Cu_2O　**3.** 酒精不完全燃烧产生积炭　6 min　坩埚中还有少量水　**4.** 酒精喷灯温度过高，硫酸铜分解　CD　**5.** 5.917 g　根据反应原理$m(H_2O)$=2.110 g；$n=\dfrac{n(H_2O)}{n(CuSO_4)}=\dfrac{\frac{2.11}{18}}{\frac{3.807}{160}}\approx 4.9$[或

$n(H_2O)\approx 0.117$ mol，$n(CuSO_4)\approx 0.024$ mol，$n\approx 4.9$］ **6.** 淀粉溶液 当加入最后半滴 $Na_2S_2O_3$ 标准液后，蓝色恰好消失(或变为无色)，且半分钟内不再变蓝色 硫酸铜晶体样品的质量、消耗 $Na_2S_2O_3$ 标准液的体积 **7.** 起始时，硫酸铜溶液的导电能力很强，随着 $Ba(OH)_2$ 溶液不断滴入，生成了 $Cu(OH)_2$ 和 $BaSO_4$ 沉淀，溶液的电导率不断降低；恰好完全反应(或达到滴定终点)时，溶液的电导率近似为零；之后，随着过量 $Ba(OH)_2$ 的加入，溶液的电导率又逐渐升高 4.74

【素材来源】

[1] 张靖阳，蔡东龙，刘豫健，等. 五水硫酸铜宏观晶面数及水合硫酸铜微观结构[J]. 大学化学，2018，33(12)：56-61.

[2] 张振江，祝丽荔，梁涛，等. 硫酸铜晶体结晶水含量测定实验的恒重条件探究[J]. 化学教学，2016(10)：51-54.

[3] 陈浩. 用色度传感器测定胆矾中的结晶水含量[J]. 化学教学，2016，(5)：62-64.

[4] 熊德琴，揭永文. 碘量法测定硫酸铜晶体结晶水的数量[J]. 化学工程师，2007，142(7)：62-64.

[5] 王雪艳，杨敏妍，陈佳阳. 用沉淀滴定电导率法测定硫酸铜晶体中结晶水的含量[J]. 化学教学，2018(7)：68-70.

【创编试题18】废定影液中银的回收

定影液使用时，超过80%的银元素进入废定影液中。废定影液中的银是以硫代硫酸银配合物$[Ag(S_2O_3)_2]^{3-}$的形式存在，除此之外，废定影液中还存在 Br^-、SO_3^{2-} 等。因此，选择经济、高效的工艺方法回收废定影液中的银具有现实意义。

沉淀法：采用硫化钠为沉淀剂回收废定影液中的银，工艺流程如图1所示。

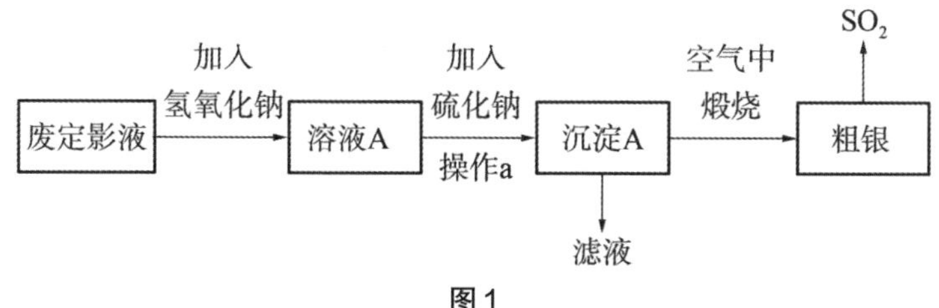

图1

1. 定影液使用时的反应原理为 $AgBr+2Na_2S_2O_3 = Na_3[Ag(S_2O_3)_2]+NaBr$。其中 $Na_3[Ag(S_2O_3)_2]$ 这一配合物的配位数为______，配体是______，中心离子与外界离

子数之比为_____。

2. 废定影液由多种化学物质组成，请写出一种检验其含Br^-的方法。

____

3. 操作a为_______，所需的玻璃仪器有__________________________________。

4. 加入硫化钠可将含银物质沉淀析出，由沉淀物冶炼粗银的化学方程式为__________________________。

置换法：采用铁、锌、铜等还原剂置换出废定影液中的银，工艺流程如图2所示。

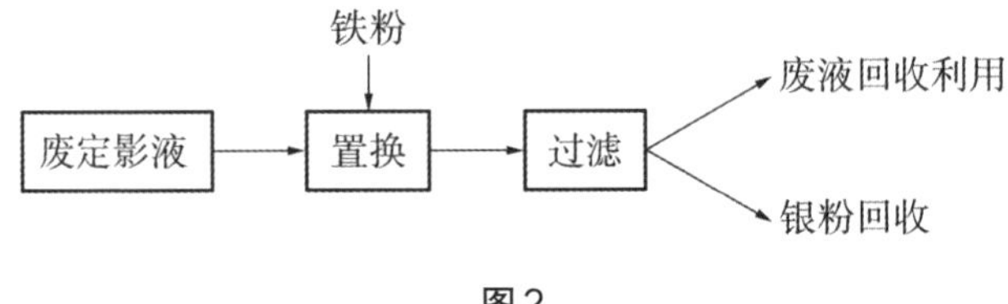

图2

5. 已知废定影液加入还原剂铁时，含银配合物中的银被还原为单质银，铁被氧化为正二价铁离子。加入铁粉发生置换反应的离子方程式为__________________。

6. 废定影液中含有的Br^-也能被回收利用，下列说法中错误的是______。

A. 在废定影液中通入氯气可以氧化Br^-，加入苯萃取可以得到溴单质

B. 溴用苯萃取分液时，水层先从下口放出，再将有机层从下口放出

C. 通过蒸馏的方法可以从有机层中提取溴单质

D. 溴化银见光易分解，可作为照相底片的感光材料

7. 某同学用置换法探究溶液pH对银回收率的影响，实验结果如图3所示。分析实验结果可知，pH为_____（范围），银回收率最高，原因是________________________

____。

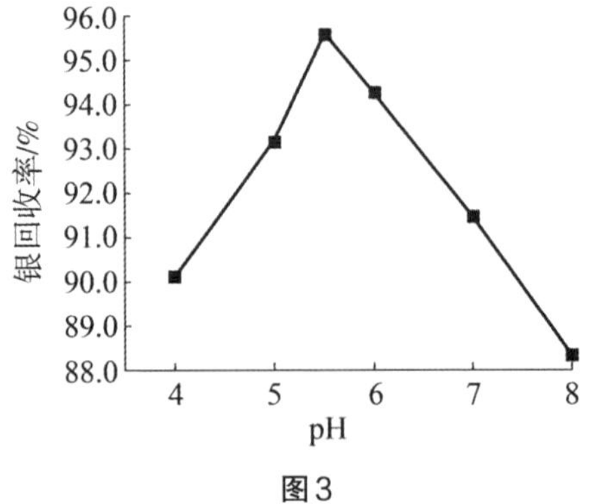

图3

8. 以下是两种方法回收银所需反应物的成本，如下表所示。

回收1 kg银的成本(部分)

沉淀法		置换法	
反应物	成本/元	反应物	成本/元
氢氧化钠	1.7	铁粉	46.6
硫化钠	25.3	酸、碱	2.0、0.5
合计	27	合计	49.1

结合表格信息，从生产成本和环保角度，分析两种回收方法的优缺点。

____

____

【试题答案】

1. 2 $S_2O_3^{2-}$ 1∶3 **2.** 取样，加入硝酸酸化的硝酸银溶液，若有淡黄色沉淀生成，则有溴离子。 **3.** 过滤 烧杯、玻璃棒、漏斗 **4.** $Ag_2S+O_2\xlongequal{煅烧}2Ag+SO_2$ **5.** $Fe+2Ag(S_2O_3)_2^{3-}\xlongequal{}Fe^{2+}+4S_2O_3^{2-}+2Ag$ **6.** B **7.** 5.5(或5~6) pH过小，酸性太强，加入的铁粉会与酸反应，不能置换出银单质，使银的回收率降低；pH过大，碱性太强，会产生氢氧化银沉淀，不利于银单质的提纯回收 **8.** 从生产成本角度分析，回收相同质量的银，沉淀法比置换法更便宜，降低生产成本；从反应原理和环保角度分析，沉淀法在制备过程中会产生二氧化硫等有毒气体，污染环境，而置换法更环保。

【素材来源】

[1] 缪爱园，李志健，彭涛，等. 置换法从废定影液中回收银的研究[J]. 黄金，2011，32(2)：60-62.

[2] 王大勇，李挺. 废定影液的处理和再生利用[J]. 环境科学导刊，2010，29(1)：62-63.

【创编试题19】探究$AgNO_3$与$FeSO_4$的反应原理

某小组为了探究$AgNO_3$溶液与$FeSO_4$溶液的反应原理，进行了以下实验：

i. 取0.2 $mol\cdot L^{-1}$的$AgNO_3$溶液2 mL于试管内，并滴加等体积、等浓度的$FeSO_4$

溶液，观察到溶液变黑色，静置一段时间后，溶液呈黄色，在试管底部产生灰色沉淀。

ii. 取少量黄色溶液于另一试管，滴加试剂A，溶液变为血红色。

已知：$K_{sp}(Ag_2SO_4)=1.2\times10^{-5}$，$K_{sp}(AgCl)=1.77\times10^{-10}$；$K_{sp}(BaSO_4)=1.08\times10^{-10}$。

1.（1）ii中试剂A是______；其作用是________________。

A. 银氨溶液　　B. KSCN溶液　　C. 稀硫酸　　D. $FeCl_3$溶液

（2）甲同学推测i中沉淀是单质Ag，依据是____（用离子方程式表示）。

2. 乙同学推测i中产生的灰色沉淀是Ag_2SO_4，依据是（通过计算给出理由）____。

为了验证甲、乙两位同学的猜测，该小组设计并进行实验，相关操作和现象如下图所示（已知：Ag_2SO_4溶于HNO_3）。

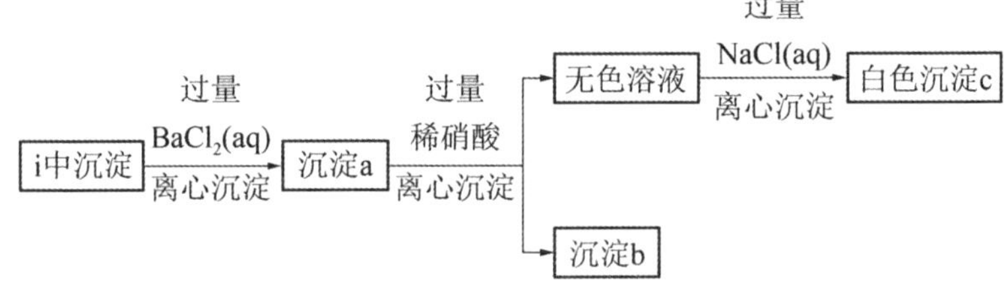

3. 白色沉淀c的成分是____________________（填化学式）。

4. 加入过量$BaCl_2(aq)$的作用是____。

5. 该实验过程中，能证明i中沉淀含有Ag_2SO_4的依据是____。

6. 为了测定i中沉淀含有单质Ag的质量分数，该小组取了i中沉淀m_1 g，加入过量$BaCl_2$溶液，离心沉淀并分离后，得到m_2 g沉淀a，求i中沉淀含有单质Ag的质量分数。（用含m_1、m_2的代数式表示，写出计算过程）

基于上述实验结果，小组成员推测两种溶液混合后既能发生复分解反应，又能发生氧化还原反应，因而生成了Ag_2SO_4和Ag两种不同沉淀。

为了探究$AgNO_3$与$FeSO_4$溶液的浓度对该实验中复分解反应与氧化还原反应的影响，该小组测定了一系列浓度的$AgNO_3$与$FeSO_4$溶液各2 mL混合后产生沉淀中各组分的质量，如下页表所示：

实验序号	$c(FeSO_4)/(mol·L^{-1})$	$c(AgNO_3)/(mol·L^{-1})$	$m(Ag_2SO_4)$/mg	$m(Ag)$/mg
1	0. 04	0. 04	0	99
2	0. 1	0. 1	47	105
3	0. 2	0. 2	56	114
4	0. 5	0. 5	100	183
5	1. 0	1. 0	176	225

7. 若要分析以上两种反应的竞争关系,需对表格中的数据进行处理,并绘制曲线(如下图所示),图中纵坐标所代表的数据是____________________(写表达式)。

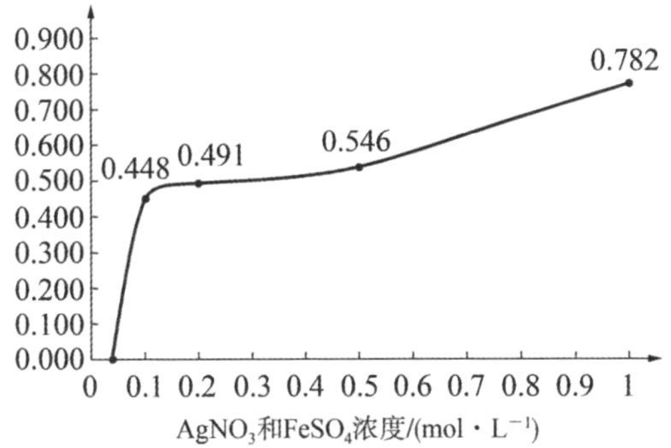

8. 结合表中数据与图示曲线,该实验过程中若想让复分解反应占优势,请举出一种可行的措施。

【试题答案】

1. (1) B　检验溶液中的 Fe^{3+}　(2) $Ag^+ + Fe^{2+} \xlongequal{} Ag + Fe^{3+}$　**2.** $Q = c^2(Ag^+) \cdot c(SO_4^{2-}) = 0.1^2 \times 0.1 = 10^{-3} > K_{sp}(Ag_2SO_4)$,$Ag^+$ 与 SO_4^{2-} 发生复分解反应,生成 Ag_2SO_4 沉淀　**3.** AgCl　**4.** 将 Ag_2SO_4 转化为难溶于稀硝酸的 AgCl 和 $BaSO_4$　**5.** 加入稀硝酸后,沉淀未全部溶解,残留的沉淀 b 即为 Ag_2SO_4 和 $BaCl_2$ 反应后得到的 AgCl 和 $BaSO_4$

6. $\dfrac{5m_1 - 3m_2}{2m_1}$;根据 $Ag_2SO_4 + BaCl_2 \xlongequal{} 2AgCl + BaSO_4$,可知产物均为难溶物质,沉淀 a 质量的增量 $(m_2 - m_1)$ 即为与全部 Ag_2SO_4 反应的 $BaCl_2$ 的质量,$m(BaCl_2) = m_2 - m_1$,且 $\dfrac{m(Ag_2SO_4)}{m(BaCl_2)} = \dfrac{312}{208} = 1.5$,$m(Ag_2SO_4) = 1.5(m_2 - m_1)$;i 中沉淀为 Ag、$Ag_2SO_4$ 混合物,两者

总质量为 m_1，$m(Ag)=m_1-1.5(m_2-m_1)=2.5m_1-1.5m_2$，$\omega(Ag)=\dfrac{5m_1-3m_2}{2m_1}$。

7. $m(Ag_2SO_4)/m(Ag)$ **8.** 使用浓度较大的 $AgNO_3$ 和 $FeSO_4$ 溶液。

【素材来源】

[1] 华彤文,王颖霞,等. 普通化学原理[M]. 4版. 北京:北京大学出版社,2013: 472.

[2] 姚远,石小倩,杨旭东. 硫酸亚铁与硝酸银溶液反应探究[J]. 中学化学教学参考,2023(11):62-64.

【创编试题20】实验探究——铜和浓硫酸反应

某小组为探究铜与浓硫酸反应及其产物性质进行实验。甲、乙两同学分别设计装置图如下(部分固定装置已略去)。

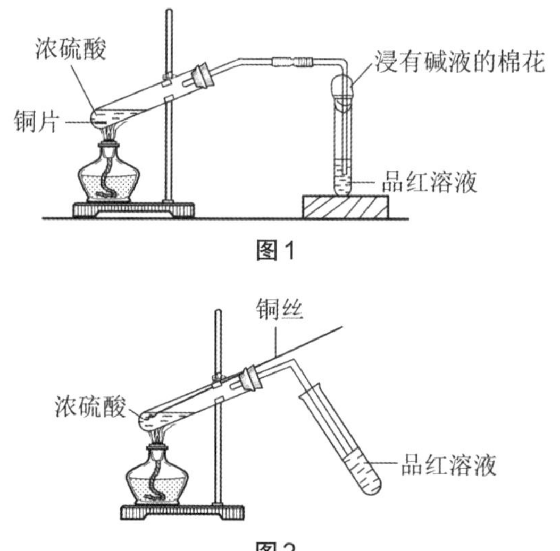

图1

图2

1. 甲同学设计装置(图1),检查该装置气密性的具体操作是____。

2. 乙同学设计装置(图2),比较两套装置的特点并评价各自的优点。

(1) 甲同学设计装置的优点是________________________。

(2) 乙同学设计装置的优点是________________________。

受甲、乙两同学的启发,为了更充分探究产物 SO_2 的化学性质,丙同学设计装置(下页图3)。(铜丝插入注射器活塞的黑色橡胶中,c、d、e 处分别为湿润的蓝色石蕊试纸、蘸有酸性高锰酸钾溶液的自制试纸、蘸有 Na_2S 溶液的自制试纸，部分固定装置已略去）。同时有资料显示，厂家常在铜表面加一层聚氯乙烯覆膜，聚氯乙烯在加热条件下易分解，放出氯化氢气体。

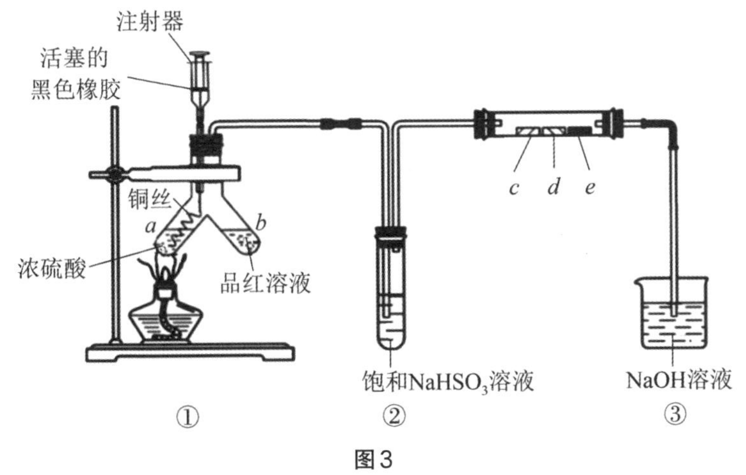

图3

3. 反应一段时间后可观察到 b 中出现_______现象，证明有 SO_2 产生。若证明 b 中产物不稳定，实验方案为____________________________________。

4. 实验中 a 上方有白雾，装置②中饱和亚硫酸氢钠溶液的主要作用有____。

5. 硬质试管中放置 c、d、e 的目的分别将体现 SO_2______、______、______。

A. 还原性　　B. 氧化性　　C. 酸性氧化物　　D. 漂白性

6. 上述装置可能存在倒吸的安全隐患，为避免此问题，可将装置③改成以下装置____。

在甲、乙、丙三同学的启发下，丁同学又设计了装置（下页图4）。

7. 此装置解决了甲、乙、丙三同学设计中都存在的另一个问题，请从环保角度分析改进理由。

____

____

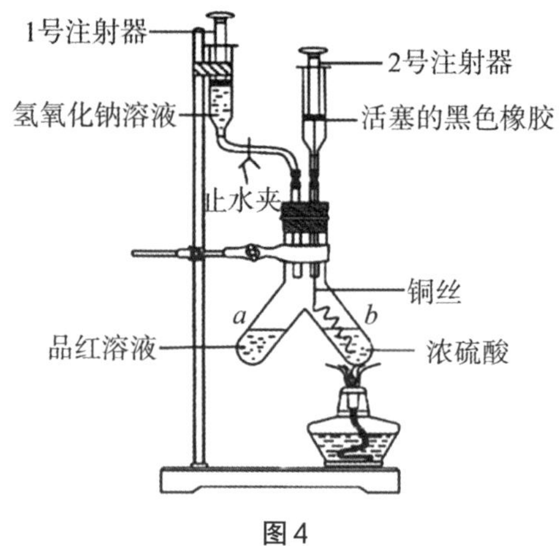

图4

8. 已知$[Cu(H_2O)_4]^{2+}$(蓝色)+4Cl^- $\rightleftharpoons$ $[CuCl_4]^{2-}$(黄色)+4H_2O。

(1) 实验发现*b*中溶液出现绿色,请结合所给资料解释此现象形成的原因。

____

(2) 若在此溶液中加入足量的氨水,溶液呈深蓝色,说明产生了新的离子,该离子是______________________________。

【试题答案】

1. 将右侧导管出口浸没在试管的液面下,微热左侧试管,观察到导管口有气泡逸出,停止加热,导管内形成一段水柱(高于管外液面)并保持高度不变,则气密性良好　**2.** (1) 用碱液吸收尾气,防止污染环境　(2) 能通过拉动铜丝随时控制反应的发生　**3.** 溶液褪色　加热褪色后的*b*中溶液,若观察到溶液又恢复红色,说明*b*中产物不稳定　**4.** 排除酸雾干扰,同时也可以观察气体流速　**5.** C　A　B　**6.** AC　**7.** 该装置可以吸收所有残留的二氧化硫。　**8.** (1) 铜丝表面含有聚氯乙烯的覆膜,导致反应混合物中含有Cl^-,使反应体系中形成黄色的$[CuCl_4]^{2-}$与蓝色的$[Cu(H_2O)_4]^{2+}$混合溶液呈绿色。　(2) $[Cu(NH_3)_4]^{2+}$

【素材来源】

[1] 黄娇丽,李佳. 铜与浓硫酸反应的实验综述[J]. 教育与装备研究,2020,36(9):39-45.

[2] 王春. 铜与浓硫酸反应实验异常现象的探究及装置的新设计[J]. 化学教学,2020(11):76-79.

【创编试题21】2-甲基-2-己醇的实验室制备

2-甲基-2-己醇是一种用途广泛的有机化合物，实验室可用格氏试剂(RMgBr)制备。

反应原理：Br ＋Mg $\xrightarrow{\text{无水乙醚}}$ MgBr，

MgBr ＋ O $\xrightarrow{\text{无水乙醚}}$ OMgBr，

OMgBr ＋H_2O $\xrightarrow{H^+}$ OH 。

反应装置如右图所示。

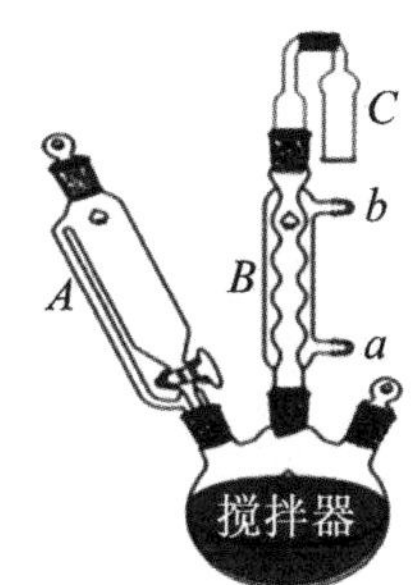

格氏试剂的制备：称取1.500 g镁屑加入三颈烧瓶中，量取6.4 mL正溴丁烷(密度为1.3 $g\cdot cm^{-3}$)和15.0 mL乙醚加入仪器*A*中混合均匀，仪器*C*装有氯化钙。先向三颈烧瓶中加入适量乙醚，微热，使乙醚处于微沸状态，然后分别加入少量混合液和引发剂(引发剂的作用是分解产生活性中间体引发反应)。继续加完混合液，使镁屑反应完全。(注：格氏试剂化学性质活泼，制备需要加入引发剂，反应过程中要干燥并保持无水状态。)

1. 仪器*A*、仪器*C*的名称分别为________________、________________。

2. 先加热乙醚，使其处于微沸状态，再加入混合液，目的是____。

3. 进一步实验研究发现，如果选用碘作引发剂，先加热乙醚、后加碘比先加碘、后加热乙醚引发速率慢，引发速率慢的原因可能是____。

2-甲基-2-己醇的制备：量取一定量的丙酮和乙醚加入仪器*A*混匀，继续加入上述三颈烧瓶中，让反应充分。然后通过仪器*A*再加入饱和氯化铵溶液，一段时间后反应结束。

4. 从反应原理分析，水解过程中采用加饱和氯化铵溶液而不用浓硫酸的优势是____。

相关物质性质如下表所示。

物质	正溴丁烷	2-甲基-2-己醇	丙酮	无水乙醚
相对分子质量	137	116	58	74
沸点/℃	101.6	143.0	56.5	34.5
溶解性	易溶于醚			—

将上述制得的混合液进行分离、提纯获得产品，主要流程图如下：

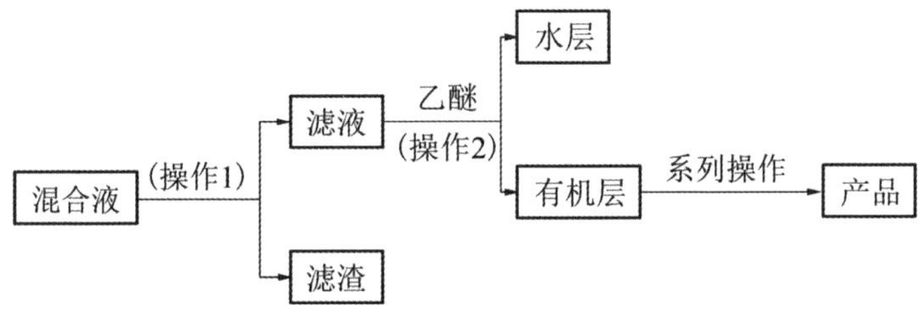

5. 流程图中对应的操作1、操作2分别为________、________。

6. 测定2-甲基-2-己醇的结构，肯定使用不到的仪器有______。

A. 红外光谱仪　　　　B. 核磁共振氢谱仪

C. 分光光度计　　　　D. X射线衍射仪

7. 结合表中数据，制备2-甲基-2-己醇____(填“能”或“不能”)采用制备乙酸乙酯的方法(下图)(边加热边蒸馏的方法)收集产物，理由是____。

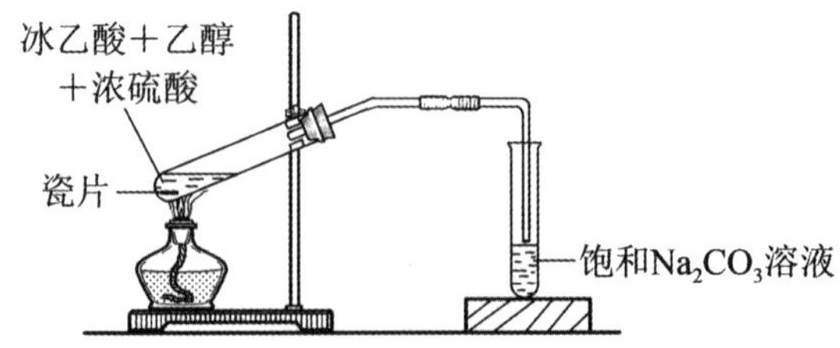

冰乙酸＋乙醇＋浓硫酸

瓷片

饱和Na_2CO_3溶液

8. 经过提纯，获得产品2-甲基-2-己醇4.820 g，计算其产率(产率$=\frac{实际产量}{理论产量}\times 100\%$)，写出计算过程。(保留三位有效数字)

【试题答案】

1. 恒压滴液漏斗　干燥管　**2.** 赶走实验装置中的空气和水分，保持干燥和无水状态　**3.** 碘在受热条件下易升华，先加热乙醚、后加引发剂碘，反应体系中 $c(I_2)$ 浓度较小，引发速率较慢　**4.** 比使用浓硫酸更安全，同时可避免产物2-甲基-2-己醇在浓硫酸作用下发生消去反应生成副产物，以提高主产物的产率　**5.** 过滤　萃取分液　**6.** C　**7.** 不能　2-甲基-2-己醇的沸点比正溴丁烷、丙酮的高，若采用边加热边蒸馏的方法，会使反应物随着产物一起蒸出，导致2-甲基-2-己醇产率不高且不纯　**8.** 镁过量，n(2-甲基-2-己醇)=n(正溴丁烷)= 6.4 mL×1.3 g·cm^{-3}/(137 g·mol^{-1})≈0.060 7 mol，m(2-甲基-2-己醇)=0.060 7 mol×116 g·mol^{-1}≈7.041 g，产率为(4.820 g/7.041 g)×100%≈68.5%。

【素材来源】

刘广路，李婷婷，辛凯涛，等. 2-甲基-2-己醇制备实验的改进与创新设计[J]. 四川化工，2022，25(1)：1-5.

主题4　有机化学基础

【创编试题22】索非那新的合成

索非那新(化合物I)是一种泌尿系统药物。合成I的一种路线如下(部分试剂与条件略去):

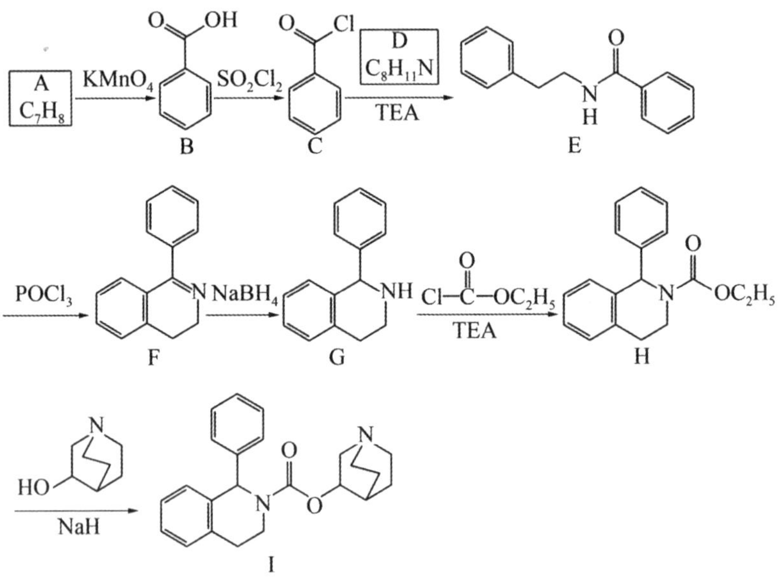

A C_7H_8 —$KMnO_4$→ B —SO_2Cl_2→ C —D $C_8H_{11}N$, TEA→ E

—$POCl_3$→ F —$NaBH_4$→ G —Cl—C(=O)—OC_2H_5, TEA→ H

—HO(奎宁环醇), NaH→ I

已知: —$POCl_3$→ 。

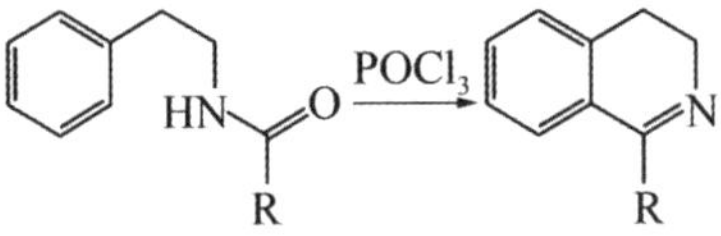

1. A的结构简式为________,E中所含官能团的名称为________________。

2. C→E的化学方程式为____。

3. F的分子式为________,F→G的反应类型为__________________。

4. 在 NH 中用"*"标出化合物G中的不对称碳原子。

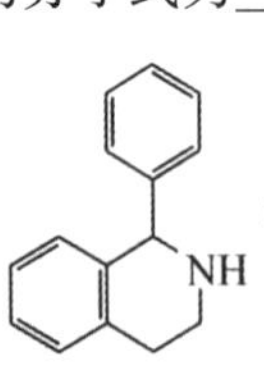

5. 下列关于化合物I的说法正确的是_____。

A. 能溶于水　　B. 能发生水解反应

C. N原子的杂化形式均为sp^3　　D. C原子的杂化形式均为sp^2

6. 满足下列条件的H的同分异构体的结构简式为________________。

① 能发生银镜反应，且0.1 mol该物质能与足量银氨溶液反应，生成43.2 g银

② 属于芳香族化合物，核磁共振氢谱图中有4组峰，面积比为2∶12∶4∶1

7. 以乙酸与苯乙胺(NH_2)为原料，设计一条合成 NH 的路线。

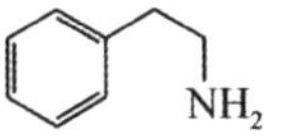

【试题答案】

1. 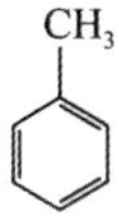 CH_3　酰胺基　2. 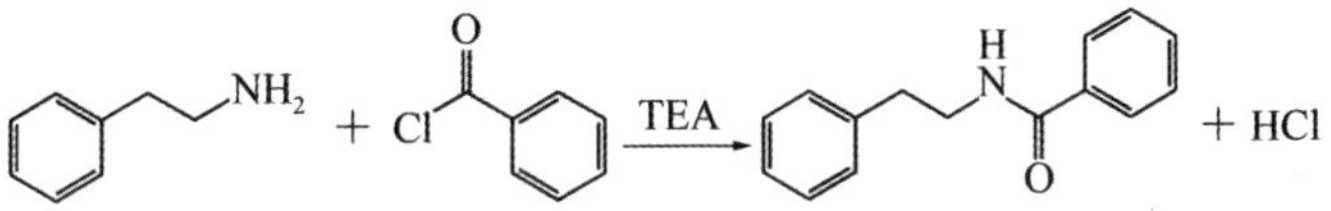 NH_2 + Cl O $\xrightarrow{TEA}$ H N O + HCl

3. $C_{15}H_{13}N$　还原反应　4. 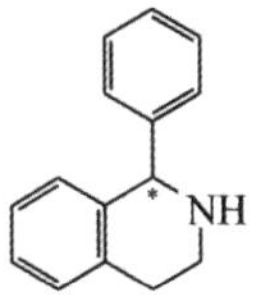 * NH　5. BC　6. 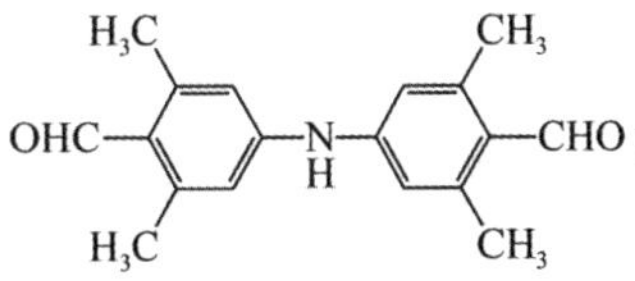 OHC H_3C H_3C N H CH_3 CH_3 CHO 或

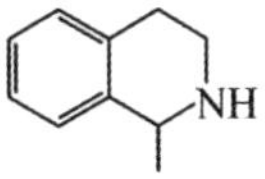

OHC CH_3 CH_3 N H H_3C H_3C CHO　7. 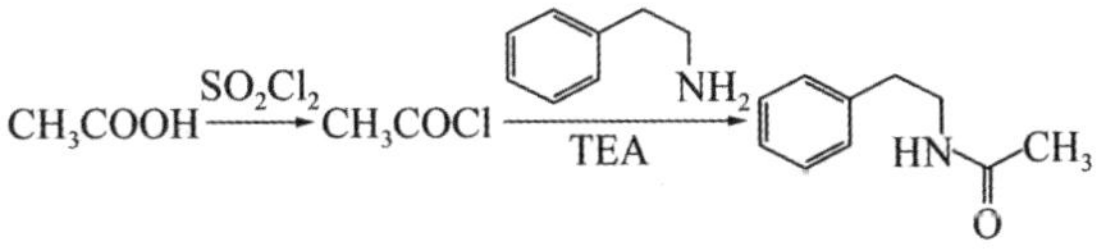 $CH_3COOH \xrightarrow{SO_2Cl_2} CH_3COCl$ $\xrightarrow[TEA]{NH_2}$ HN O CH_3

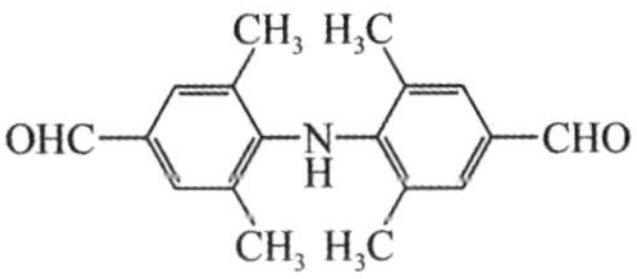

$\xrightarrow{POCl_3}$ N $\xrightarrow{NaBH_4}$ NH

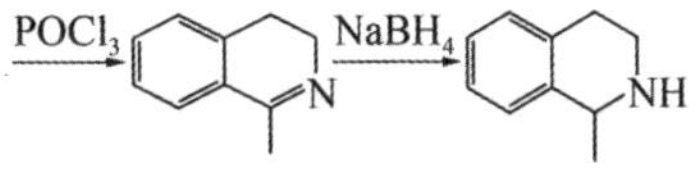

【素材来源】

[1] Jie Jack Li. 有机人名反应及机理[M]. 5版. 荣国斌，译. 北京：科学出版社，2020：56-57.

[2] 张万年，盛春泉. 药物合成——路线设计策略和案例解析[M]. 北京：化学工业出版社，2020：526-527.

[3] 李桂珠，刘秀杰，王保杰，等. 1-甲基-1,2,3,4-四氢异喹啉的简易合成[J]. 沈阳药科大学学报，2007，24(6)：337-338.

【创编试题23】螺[3,3]庚烷-2-甲酸的合成

螺环化合物是一类具有良好化学性质和广泛药理活性的环状有机化合物。螺[3,3]庚烷-2-甲酸是一种医药中间体,其一种合成路线如下:

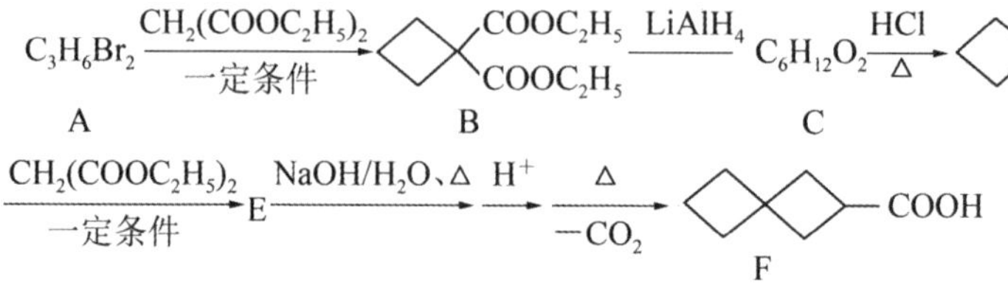

$C_3H_6Br_2$ (A) $\xrightarrow[\text{一定条件}]{CH_2(COOC_2H_5)_2}$ B (环丁烷-1,1-二个 $COOC_2H_5$) $\xrightarrow{LiAlH_4}$ $C_6H_{12}O_2$ (C) $\xrightarrow[\triangle]{HCl}$ D (环丁烷-1,1-二个 CH_2Cl)

$\xrightarrow[\text{一定条件}]{CH_2(COOC_2H_5)_2}$ E $\xrightarrow{NaOH/H_2O、\triangle}$ $\xrightarrow{H^+}$ $\xrightarrow[-CO_2]{\triangle}$ F (螺[3,3]庚烷-2-位连 COOH)

已知:$R-CH(COOH)_2 \xrightarrow[-CO_2]{\triangle} R-CH_2COOH$ (R为烃基)。

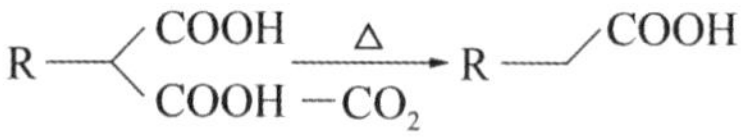

1. A中官能团的名称是________________。

2. A→B的反应类型是________________。

3. C的结构简式为______________________________。

4. D的一种同分异构体的结构简式为(环丁烷1,2-位各连一个 CH_2Cl),请在其结构简式上用“*”标出手性碳。

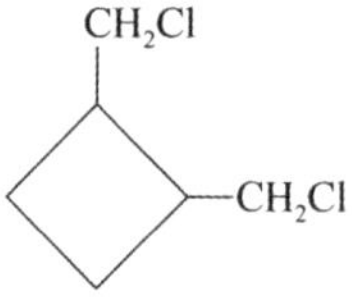

5. E转化为F过程中第一步反应的化学方程式为______________________________。

6. F经过处理后可得到螺[3,3]庚烷,它的一氯代物有____种。

7. 有机物G和  HOOC-(螺[3,3]庚烷)-COOH 互为同分异构体,且具有以下特征:

i. 遇$FeCl_3$溶液显色　　　　ii. 含有四种化学环境不同的氢原子

写出一种符合上述条件的G的结构简式。

____

8. 已知:$R_1-CHO+R_2-CH_2CHO \xrightarrow{\text{一定条件}} R_1-CH(OH)-CH(R_2)CHO$。

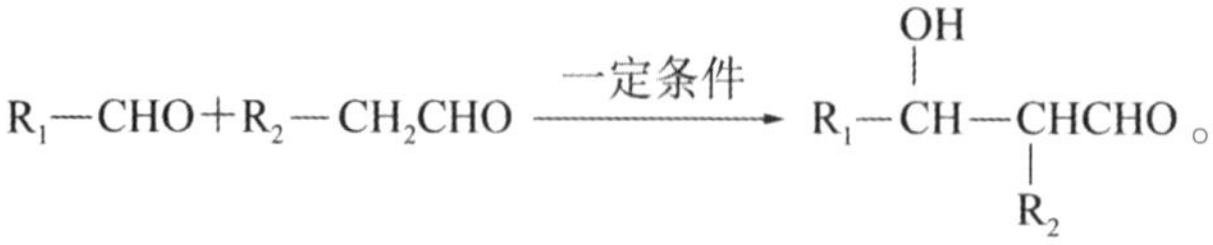

以乙醛和甲醛为主要原料,合成  HOOC-(螺[3,3]庚烷)-COOH(无机试剂任选),将以下合成路线补充完整。

$$HCHO \xrightarrow[\text{一定条件}]{CH_3CHO} \boxed{\quad} \xrightarrow[\text{催化剂},\triangle]{H_2} \boxed{\quad} \xrightarrow[\triangle]{HCl} ClCH_2-C(CH_2Cl)_2-CH_2Cl$$

$$\xrightarrow[\text{一定条件}]{CH_2(COOC_2H_5)_2} \boxed{\quad} \xrightarrow{NaOH/H_2O、\triangle} \xrightarrow{H^+} \xrightarrow[-CO_2]{\triangle} \text{HOOC—(螺[3.3]庚烷)—COOH}$$

【试题答案】

1. 碳溴键 **2.** 取代反应 **3.** （环丁烷-1,1-二甲醇，CH_2OH、CH_2OH） **4.** （1,2-二(氯甲基)环丁烷，CH_2Cl、CH_2Cl，标有*）

5. （螺环二甲酸二乙酯，$COOC_2H_5$、$COOC_2H_5$）$+2NaOH \xrightarrow{\triangle}$ （螺环二甲酸钠，COONa、COONa）$+2C_2H_5OH$ **6.** 2

7. （四种结构：含 $O-CH_3$、H_3C-O、HO、OH、H_3C、CH_3 取代的苯环）（任写一种）

8.

$$HCHO \xrightarrow[\text{一定条件}]{CH_3CHO} HOCH_2-C(CH_2OH)_2-CHO \xrightarrow[\text{催化剂},\triangle]{H_2} C(CH_2OH)_4 \xrightarrow[\triangle]{HCl} C(CH_2Cl)_4 \xrightarrow[\text{一定条件}]{CH_2(COOC_2H_5)_2}$$

$$(H_5C_2OOC)_2\text{(螺环)}(COOC_2H_5)_2 \xrightarrow{NaOH/H_2O、\triangle} \xrightarrow{H^+} \xrightarrow[-CO_2]{\triangle} \text{HOOC—(螺环)—COOH}$$

【素材来源】

[1] 邢其毅，裴伟伟，徐瑞秋，等. 基础有机化学(上册)[M]. 4版. 北京：北京大学出版社.

[2] 高艳蓉，仝红娟，赵梅梅，等. 螺环化合物的合成及其在药物研究中的应用[J]. 精细与专用化学品，2022(6)：30.

【创编试题24】依柏康唑的合成

依柏康唑(化合物J)是一种外用抗真菌药，可治疗皮肤真菌感染，其合成路线如下(Ph是苯基)：

$$A \xrightarrow{Ph_3P} \xrightarrow[\text{干燥乙醚}]{PhLi} B(=PPh_3) \xrightarrow[NaH,\ DMF]{C} D$$

A（含 O、O、Br） B（含 O、O、PPh_3） D（含 O、O、Cl、Cl）

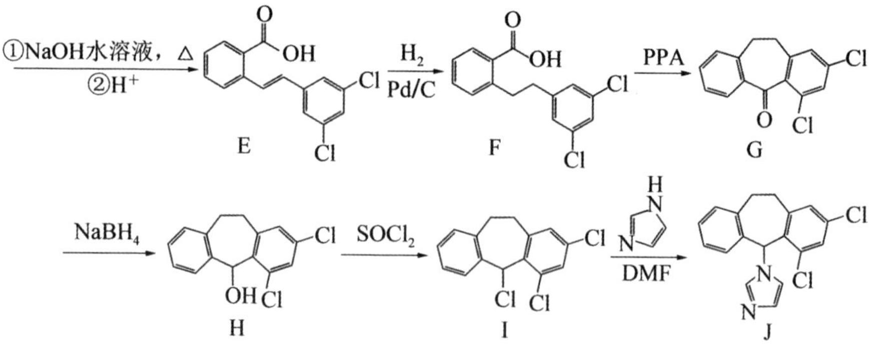

①NaOH水溶液，△ ②H^+ → E → H_2, Pd/C → F → PPA → G

→ $NaBH_4$ → H → $SOCl_2$ → I → (咪唑), DMF → J

已知：Wittig反应 $R(R_1(H))C{=}O$ (β) + $R_2R_3C{=}PPh_3$ (α) $\xrightarrow{NaH,\ DMF}$ $R(R_1(H))C{=}CR_2R_3$ + $PPh_3{=}O$。

1. A中所含官能团的名称为________。

2. C的结构简式为________。

3. G→H的反应类型为________。

4. I→J的化学方程式为________。

5. 满足下列条件的E的同分异构体的结构简式为________。

① 属于芳香族化合物

② 能发生银镜反应

③ 氢谱图中有3组峰，面积比为1∶2∶2

6. Wittig反应发生时，如果α碳上连有一个羰基，产物的取向则有一定的立体选择性，往往是含羰基的基团和β碳原子上较大的基团位于反式的位置。请写出

CH_3CHO和 $(H_3C)C(=PPh_3)C(=O)CH_3$ 反应的主要产物的结构简式。

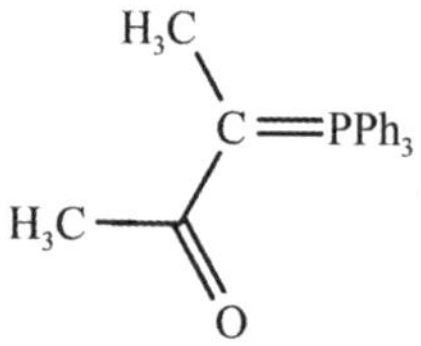

---

7. 已知：$R\!-\!CHO + R_1\!-\!CH_2CHO \xrightarrow[\triangle]{NaOH溶液} R\!-\!CH{=}C(R_1)\!-\!CHO + H_2O$。根据上述合成路线和信息，以乙醛与甲苯为原料，设计制备 $C_6H_5\!-\!CH{=}CH\!-\!CH{=}CH\!-\!CH_3$ 的合成路线。

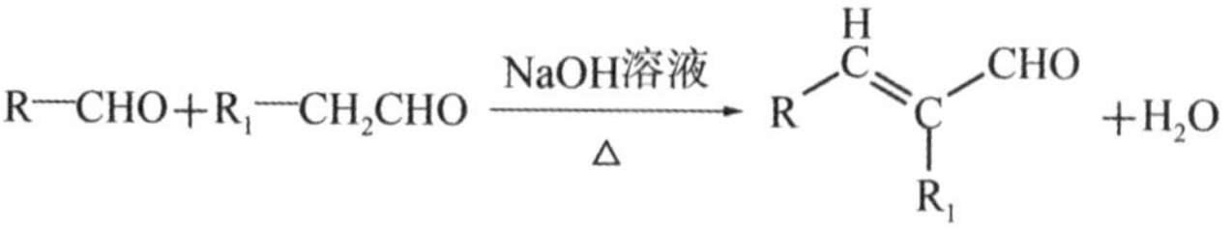

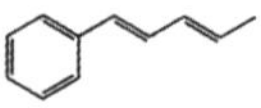

【试题答案】

1. 碳溴键、酯基　**2.** 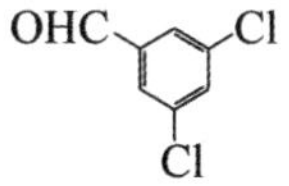 OHC Cl Cl　**3.** 还原反应

4. 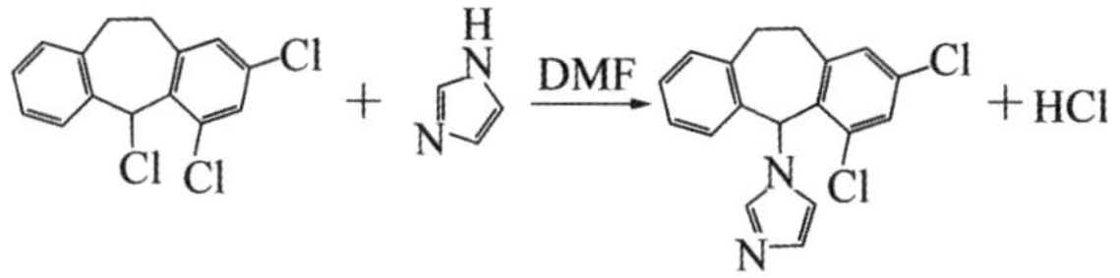 Cl Cl Cl + H N N $\xrightarrow{DMF}$ Cl N N Cl + HCl

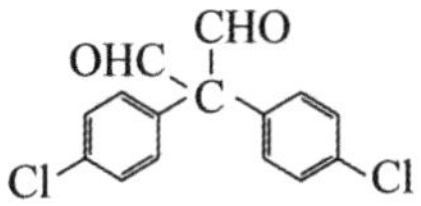

5. 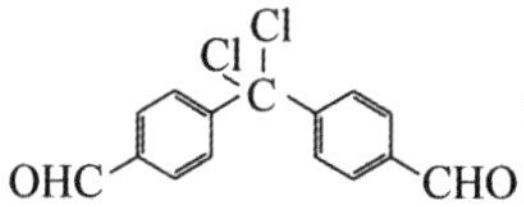 Cl Cl C OHC CHO 和 OHC CHO C Cl Cl　**6.** 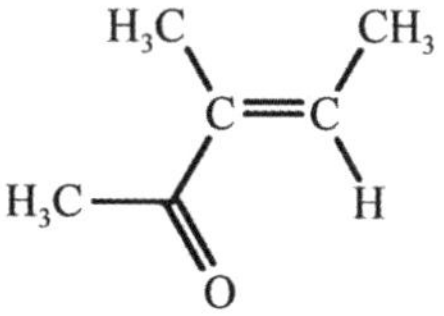 H_3C CH_3 C=C H_3C H O

7. 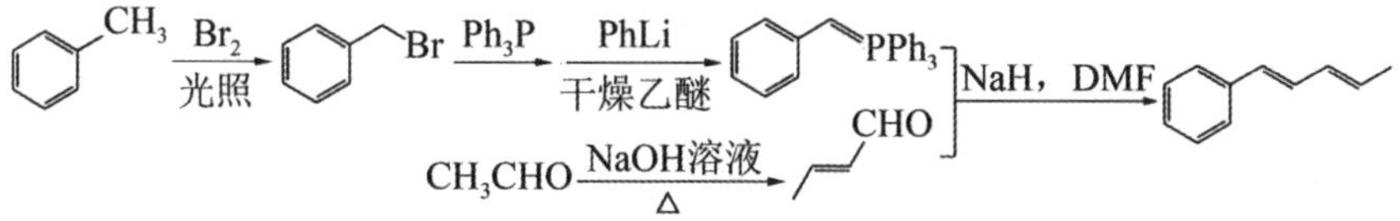 CH_3 $\xrightarrow[光照]{Br_2}$ Br $\xrightarrow{Ph_3P}$ $\xrightarrow[干燥乙醚]{PhLi}$ PPh_3 ; CH_3CHO $\xrightarrow[\triangle]{NaOH溶液}$ CHO ; $\xrightarrow{NaH，DMF}$

【素材来源】

[1] 张万年,盛春泉.药物合成——路线设计策略和案例解析[M].北京:化学工业出版社.

[2] 邢其毅,裴伟伟,徐瑞秋,等.基础有机化学(上册)[M].4版.北京:北京大学出版社.

[3] 孙凯.烯丙位羟基化反应及邻羧基顺式烯烃合成探索[D].大连:大连理工大学,2016.

[4] 刘金平,焦淑清,杨明波.硝酸依柏康唑的合成工艺改进[J].中国药物化学杂志,2013,23(5):3.

【创编试题25】利奈唑酮的合成

利奈唑酮(化合物F)是一类新型合成抗菌药,主要用于治疗由耐药革兰氏阳性菌引起的感染性疾病,F的一种合成路线如下(部分试剂与条件略去):

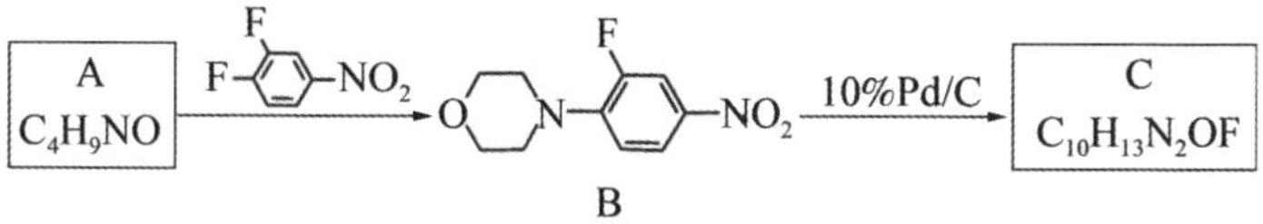

A C_4H_9NO $\xrightarrow{F,\ F-\text{C}_6\text{H}_3-NO_2}$ O N F NO_2 (B) $\xrightarrow{10\%Pd/C}$ C $C_{10}H_{13}N_2OF$

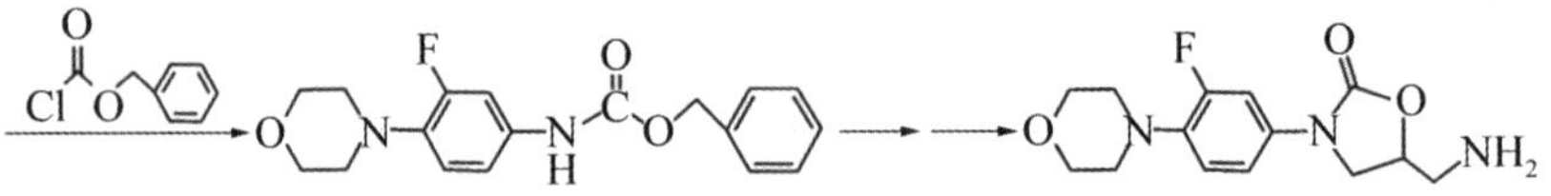

1. A的结构简式为____________。

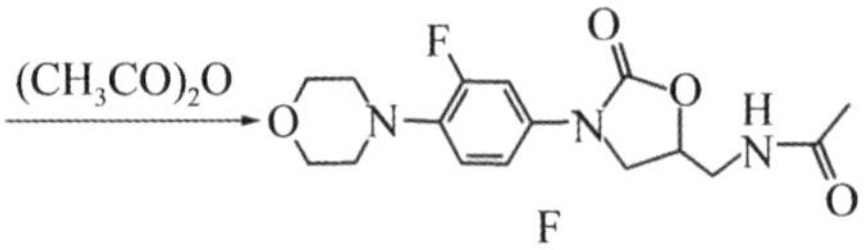

2. B中含氧官能团的名称为____________。

3. B→C的反应类型为_________，E→F的反应类型为_________。

4. C→D的化学方程式为____________________________。

5. 在 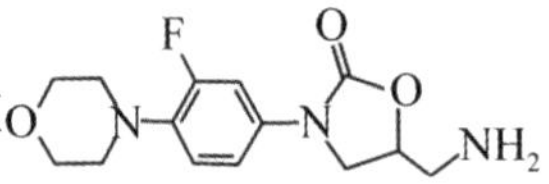 中用“*”标出化合物E中的手性碳原子。

6. G为B的同分异构体，满足如下条件的G的结构简式为________________。

① 含有苯环，能与$FeCl_3$溶液发生显色反应；

② 核磁共振氢谱具有4组峰，峰面积比为6∶2∶2∶1；

③ 含有酰胺基。

7. 已知R—OH+ ⟶ +CCl_3OH，以甲苯和 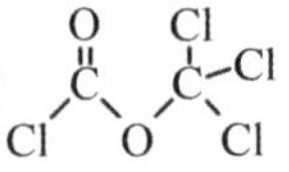 为原料，设计一条合成 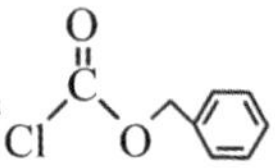 的路线。

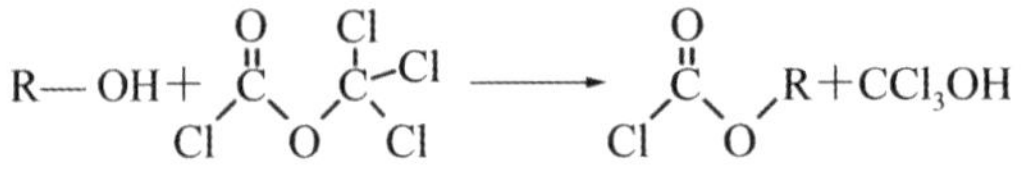

【试题答案】

1.  **2.** 醚键、硝基 **3.** 还原反应 取代反应

4. 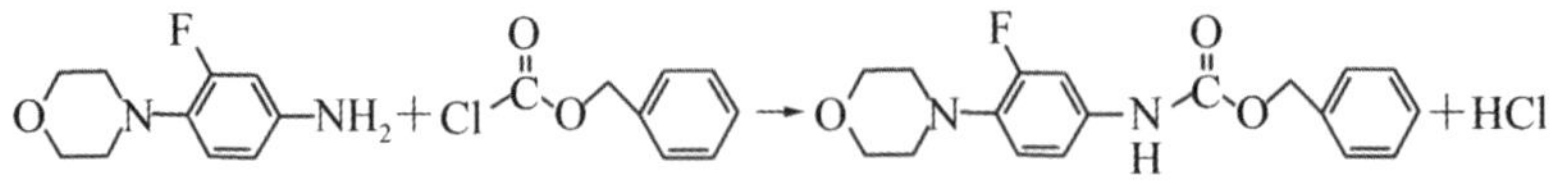 +HCl

5. 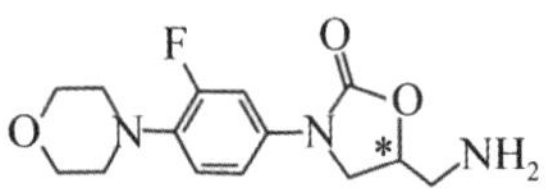 **6.** 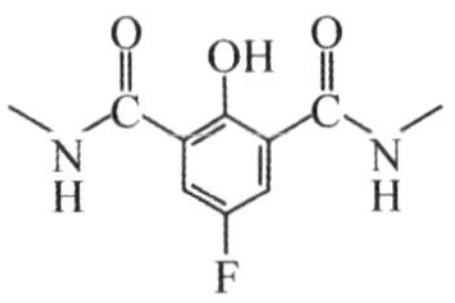 和

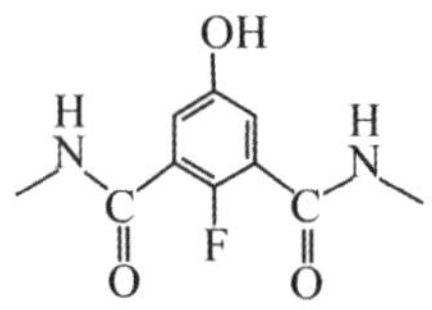

7. 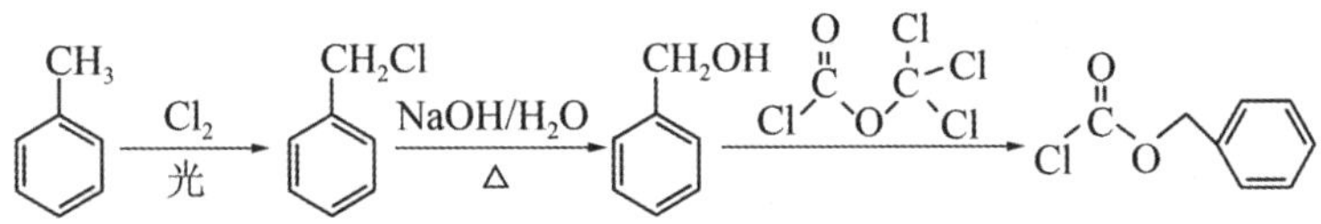 甲苯 $\xrightarrow[\text{光}]{Cl_2}$ $C_6H_5CH_2Cl$ $\xrightarrow[\triangle]{NaOH/H_2O}$ $C_6H_5CH_2OH$ $\xrightarrow{ClCOOCCl_3}$ $ClCOOCH_2C_6H_5$

【素材来源】

[1] 张万年,盛春泉. 药物合成——路线设计策略和案例解析[M]. 北京:化学工业出版社,2020:520.

[2] 叶非,黄长干,张金艳. 有机合成化学[M]. 2版. 北京:化学工业出版社,2018:52.

【创编试题26】聚维酮碘

聚维酮碘(I_3^- … H^+ 与两个吡咯烷酮羰基氧形成氢键的聚合物结构，$\lbrack CH_2-CH \text{——} CH_2-CH \rbrack_m \lbrack CH_2-CH \rbrack_n$)是一种常用的碘伏类缓释消毒药,该药接触皮肤黏膜创面后,能释放出碘而发挥杀菌作用,因此对多种细菌、芽胞、病毒、真菌等均有杀灭作用。聚维酮与 HI_3 通过氢键形成聚维酮碘,聚维酮的单体H的合成路线1如下:

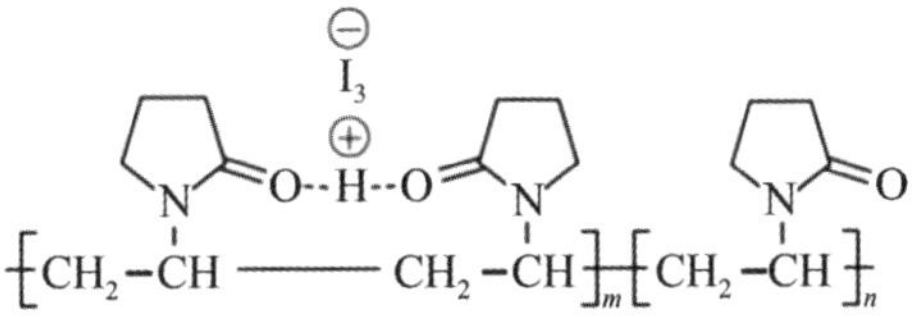

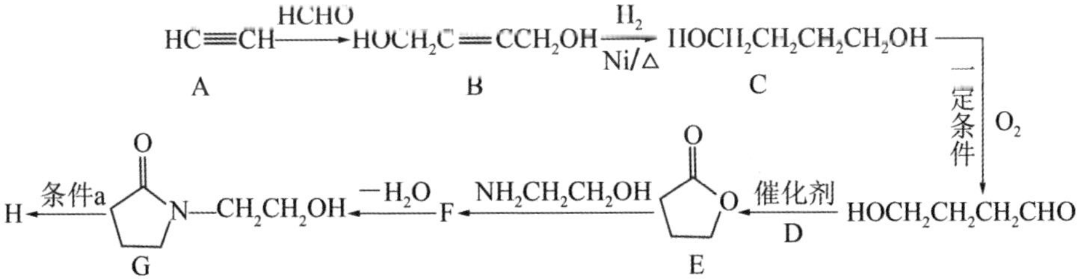

$$\underset{A}{HC\equiv CH} \xrightarrow{HCHO} \underset{B}{HOCH_2C\equiv CCH_2OH} \xrightarrow[Ni/\triangle]{H_2} \underset{C}{HOCH_2CH_2CH_2CH_2OH} \xrightarrow[\text{一定条件}]{O_2} HOCH_2CH_2CH_2CHO$$

$$HOCH_2CH_2CH_2CHO \xrightarrow[D]{\text{催化剂}} \underset{E}{\text{(γ-丁内酯)}} \xrightarrow{NH_2CH_2CH_2OH} F \xrightarrow{-H_2O} \underset{G}{\text{(吡咯烷酮)}N\text{—}CH_2CH_2OH} \xrightarrow{\text{条件a}} H$$

已知:$RCOOR'+R''NH_2 \rightarrow RCONHR''+R'OH$(R、R′、R″为烃基或氢)。

1. 有机物D中含氧官能团的名称是________________。反应C→D的化学方程式为______________________。

2. (1) 下列有关E的说法正确的是_____。

A. 该物质中所有碳原子均共平面　　B. 该物质中所有碳原子均为 sp^3 杂化

C. 该物质存在对映异构体　　D. 该物质能发生水解反应

(2) F的结构简式为______________。

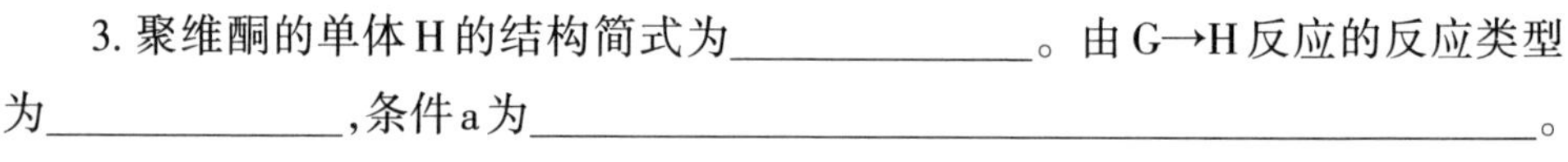

3. 聚维酮的单体H的结构简式为______________。由G→H反应的反应类型为______________，条件a为____。

4. (1) 写出一种同时符合下列条件的化合物E的同分异构体的结构简式。

____

①分子为链状结构；②^{1}H-NMR谱检测表明：分子中含有2种不同化学环境的氢原子；③只含有一种官能团。

(2) 检验该同分异构体中官能团的试剂为______________。

5. 化合物E也可以丙烯为原料进行合成，合成路线2如下：

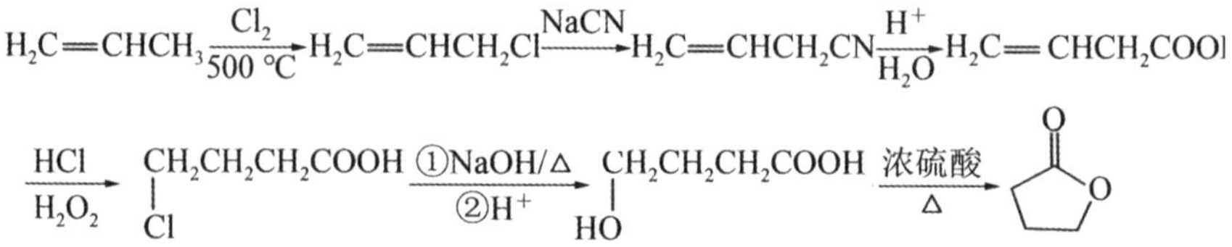

$$H_2C{=}CHCH_3 \xrightarrow[500\ ^\circ C]{Cl_2} H_2C{=}CHCH_2Cl \xrightarrow{NaCN} H_2C{=}CHCH_2CN \xrightarrow[H_2O]{H^+} H_2C{=}CHCH_2COOH$$

$$\xrightarrow[H_2O_2]{HCl} \underset{\displaystyle Cl}{CH_2}CH_2CH_2COOH \xrightarrow[②H^+]{①NaOH/\triangle} \underset{\displaystyle HO}{CH_2}CH_2CH_2COOH \xrightarrow[\triangle]{浓硫酸}$$

从原子利用率角度分析路线1和路线2，哪种更符合工业生产的实际需要？

____

6. 写出由丙烯合成 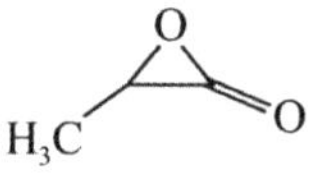 的一条路线(无机试剂任选)。

(合成路线常用的表达方式为：$A \xrightarrow[反应条件]{反应试剂} B \cdots\cdots \xrightarrow[反应条件]{反应试剂}$ 目标产物)

【试题答案】

1. 羟基、醛基　$2HOCH_2CH_2CH_2CH_2OH+O_2 \xrightarrow{一定条件} 2HOCH_2CH_2CH_2CHO+2H_2O$　**2.** (1) D　(2) $HOCH_2CH_2CH_2CONHCH_2CH_2OH$　**3.** 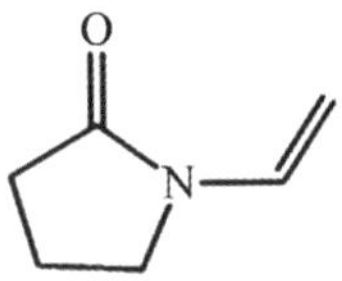 　消去反应　浓硫酸、加热　**4.** (1) $OHCCH_2CH_2CHO$　(2) 新制氢氧化铜溶液(或银氨溶液)　**5.** 路线1更符合工业生产的实际需要。原因：路线2合成过程中的取代反应较多，存在一些副反应，对产率有一定影响。路线1较多选用加成反应设计路线，从原子利用率角度分析，路线1更符合工业生产的实际需要。

6. $H_3C-CH{=}CH_2 \xrightarrow{Br_2} H_3C-\underset{Br}{\underset{|}{CH}}-\underset{Br}{\underset{|}{CH_2}} \xrightarrow[\triangle]{NaOH水溶液} H_3C-\underset{OH}{\underset{|}{CH}}-\underset{OH}{\underset{|}{CH_2}}$

$\xrightarrow{一定条件} H_3C-\underset{OH}{\underset{|}{CH}}-\overset{O}{\overset{\|}{CH}} \xrightarrow{催化剂}$ （2-甲基环氧乙酮结构：三元环含 O，环上连 H_3C 与 =O）

【素材来源】

[1] 刘臣，郭玉林. 深度学习理念下促进学生学科认知能力发展——以“有机合成”高三专题复习为例[J]. 化学教与学，2021(2)：47-52.

[2] 马婷芳，史铁钧. 聚乙烯吡咯烷酮的性能、合成及应用[J]. 应用化工，2002，31(3)：16-19.